도서관 옆
철학카페

도서관 옆 철학카페

세네카부터 알랭드 보통까지,
삶을 바꾸는 철학의 지혜

안광복 지음

어크로스

"모든 이해는 오해다."

철학자 니체(Friedrich Wilhelm Nietzsche)의 말이다. 철학 교사인 내게 이 말은 구원과도 같았다. 잘 짜인 전투 매뉴얼도 실전에서는 도움 안 되는 경우가 흔하다. 제1차 세계대전 때도 그랬다. 목숨이 왔다 갔다 하는 상황, 병사들은 '규정'대로 무기를 쓰지 않았다. 백병전에서 병사들은 대검을 내려놓았다. 대신 묵직한 야전삽을 손에 들었단다. 삽으로 싸우는 법을 훈련소에서 가르쳤을 리 없다. 야전삽이 '무기'로 개발되었을 리도 만무하다. 병사들은 싸우면서 위력적인 무기와 전투 방법을 스스로 찾아낸 것이다.

철학 교사의 처지도 다르지 않다. 극심한 통증에 시달려보라. 금융 위기니, 테러리즘이니 하는 큰 문제보다 내 발톱에 박힌 가시가 절박하게 다가오는 법이다. 현실에서 철학의 지혜가 필요한 순간은 무척 많다. 아득하기만 한 취업, 나락으로 떨어지는 내 마음을 어떻게 다잡아야 할까? 더 이상 노력만으로는 세상을 이기지 못할 듯한 절망감이 나를 감쌀 때, 나는 어떻게 미래를 꿈꿔야 할까? 상처만 안기는 가족을 사랑할 힘은 어디서 얻을 수 있을까? 등등.

철학 교사인 나는 매일매일 이런 시급하고 절박한 문제들과 씨름한다. 이런 고민들에게 '책으로 익힌 철학'은 별 도움이 못 된다. 우물은 목마른 사람이 파는 법이다. 나는 내가 가진 모든 지식과 경험을 총동원하여 지혜를 빚어내야 한다.

"모든 이해는 오해다."라는 니체의 말은 이때 빛을 발한다. 어떤 책을 읽건 나는 지은이가 무엇을 말하려 했는지부터 헤아리지 않는다. 지금 이 순간 눈앞에 놓인 문제에 어떤 도움이 되겠는지를 가늠할 뿐이다. 나에게 철학은 현실의 문제를 싸워 이기게 하는 '무기'여야 한다.

그래서 철학 교사의 독법(讀法)은 독특할 수밖에 없다. '하얀 거짓말(White lie)'이라는 표현이 있다. 이는 좋은 의도로 하는 거짓말을 뜻한다. 나는 책의 좋은 내용들을 '오해(?)'하며 읽는다. 외마디 비명을 내지르는 눈앞의 사람들에게 절실한 철학 처방전을 안겨주기 위해서다.

『도서관 옆 철학카페』에는 35권의 책이 소개되어 있다. 나는 도서관에서 이 책들을 공들여 골랐다. 그리고 내 앞에 놓인 문제들에 맞게 '창조적으로' 읽고 새롭게 풀어내었다. 검증된 양서(良書)는 지혜 창고와도 같다. 고민을 입에 문 채로 책을 꼼꼼하게 읽어보라. 어떤 문제에 대해서건 훌륭한 해법을 얻어낼 것이다.

도서관과 카페는 궁합이 잘 맞는다. 도서관 근처에는 카페들이 들어서기 마련이다. 도서관이 지혜의 보물을 캐내는 공간이라면, 카페는 이를 나누며 맛깔스럽게 하는 공간이다. 나에게 카페는 '네이버캐스트'였다.

이 책은 네이버캐스트에 연재한 「성장을 위한 철학노트」의 원고를 모으고 다듬은 것이다. 대한민국에서 가장 영향력이 큰 포털 사이트답게, 게재할 때마다 댓글이 수백 개씩 달렸다. 그중에는 보석 같은 댓글 토론들도 적지 않다.

한때 철학 카페(café-philo)가 세계적으로 유행한 적이 있다. 일반인들이 철학 문제를 놓고 진지하게 이야기를 나누는 운동이었다. 「성장을 위한 철학노트」에는 철학카페의 분위기가 물씬 풍긴다. 진지한 고민과 치밀한 논리가 담긴 독자들의 반응은 우리 사회가 얼마나 철학에 목말라하는지를 깨닫게 한다.

연재하는 내내, 원고를 모아 단행본으로 내달라는 요구가 많았다. 여러 출판사에서 관심을 보였지만, 나는 주저 없이 김형보 대표와 최윤경 편집자에게 책을 맡겼다. 김형보 대표는 시대를 읽는 눈이 뛰어난 출판인이다. 최윤경 편집자는 영혼의 떨림까지 잡아내는 섬세함이 돋보이는 편집자다. 두 분은 언제나 부족한 내 글들을 한 뼘 높게 끌어올린다. 베스트셀러인 『처음 읽는 서양 철학사』와 『철학, 역사를 만나다』도 두 분의 손을 거쳐 태어난 책이다. 『도서관 옆 철학카페』에서도 두 분의 한결같은 감각과 정성이 오롯이 살아 있다. 필자로서 고마움을 전한다.

NHN의 김민정, 김태옥 과장님에게도 감사를 드린다. 글이 올라갈 때마다 수십만 명이 조회하는 상황, 부담감은 그 어떤 원고 때보다 컸다. 긴장한 탓에 좀처럼 글이 풀리지 않을 때도 많았다. 하지만 두 분의 노련한 진행과 꼼꼼한 배려 덕분에 긴 연재를 무사히 마칠 수 있었다. 두 분을 만난 것은 큰 행운이었다.

　나는 주말의 대부분을 남산 도서관에서 보낸다. 이곳의 장서들이 없었다면 나는 단 한 줄의 글도 쓰지 못했을 것이다. 지혜의 말을 들려준 숱한 현자(賢者)들에게, 그들의 글이 새겨질 종이를 만드느라 희생되었을 많은 나무들에게 고개 숙여 감사를 드린다. 부모님과 가족에 대한 고마움은 표현할 길이 없다.

2014년 겨울

안광복

··· **차례**

3부 쓰디쓴 실패가 달콤해질 때까지

4부 밀려날까 두려워지기 전에

1부

머뭇거리는
인생과
작별하기

인생이 초라하게
느껴진다면 『수상록』

나에 대한 세상의 평가가 두렵다면 사람들을 전체로 보지 말라.
무리를 이루는 사람들 하나하나를 떠올려보아야 한다.
과연 그들은 나를 평가하며 손가락질할 만한 '자격'을 갖추고 있는가?
한 사람 한 사람씩 떠올리며 꼼꼼하게 따져보라.

후줄근한
내 인생

"요새는 뭐하니?"

두려운 질문이다. 추석, 설날같이 친척이 모이는 날은 더
그렇다. 누가 뭐라 하지 않는데도 자꾸만 주눅이 든다. 성적
은 늘 고만고만하다. 취업은 늘 '준비 중'이거나, 일자리가 있
다 해도 변변치 않다. 그나마도 언제 그만두게 될지 모르겠
다. 결혼은 또 어떤가. 사귀는 사람을 남들 앞에 소개하기가

자꾸만 저어된다. 그나마 만나는 이조차 없을 때의 서글픔은 이루 말할 수 없다.

　이런 속도 모르고 사람들은 끊임없이 물어댄다. "요새 뭐 하니?", "공부는 잘되니?", "이제 취직은 어떻게 할 거냐?", "때 되었으니 결혼해야지?", "사귀는 사람은 있고?" 등등. 질문을 받을 때마다 가슴이 뜨끔하다. 이럴 바엔 차라리 아무도 안 만났으면 싶다. 그래서 자꾸만 친척이나 친구들이 모이는 자리를 피하게 된다.

　때로는 위풍당당(?)하게 굴기도 한다. 걱정 말라며 허풍을 떨거나, 편한 자리에도 괜스레 좋은 옷을 차려입고 나가 거들먹거리는 식이다. 하지만 허세를 부리고 난 후에는 어떤 기분이 들던가? 마음은 더 헛헛하고 힘들어진다. 도대체 내 인생은 왜 이리 초라할까?

**무리 전체를 보지 말고
하나하나를 보라**

　이런 걱정에 프랑스 철학자 몽테뉴(Michel de Montaigne)는 혀를 찬다. 도대체 왜 사람들의 평가에 신경 쓴단 말인가. 나를 비웃을 것 같은 사람들을 하나하나 떠올려보라. 과연 그들은 존경할 만한 인물인가? 대개는 비꼬는 말로 내 마음에 상처만 안기는 삐딱이들일 뿐이다. 그들의 눈은 질투와 콤플렉스로 반짝반짝 빛난다.

당신은 그들을 별로 좋아하지 않는다. 그럼에도 그대는 왜 사랑하지도 않는 이들에게 인정받으려고 아득바득하는가? 세상이 나를 어떻게 볼까 하는 두려움도 다르지 않다. 몽테뉴는 로마시대 정치가 키케로(Marcus Tullius Cicero)의 말을 들려준다.

"인간들을 개별적으로는 경멸하다가 집단으로는 존경하다니 그보다 더 몰지각한 일이 있는가?"[1]

나에 대한 세상의 평가가 두렵다면 사람들을 전체로 보지 말라. 무리를 이루는 사람들 하나하나를 떠올려보아야 한다. 과연 그들은 나를 평가하며 손가락질할 만한 '자격'을 갖추고 있는가? 한 사람, 한 사람씩 떠올리며 꼼꼼하게 따져보라. 대부분은 나보다 나을 게 없는 사람들이다. 그럼에도 왜 '남들의 평가'를 그토록 두려워하는가? 몽테뉴는 당당하게 말한다. "나는 내 건강과 생활에만 관심이 있다. 이 밖에는 그 어떤 것을 놓고도 수고롭게 고민하지 않는다."

집안사람에게 존경받는 일은 드물다

언뜻 들으면, 몽테뉴는 지독한 이기주의자인 듯싶다. 그의 말은 끝까지 들어보아야 한다.

"자기 아내나 하인이 보기에도 지적받을 짓을 안 하는 자는 훌륭하다. 자기 집안사람들에게 존경받는 일은 드물다."[2]

사람의 됨됨이는 큰일에서 드러나지 않는다. 오히려 일상 생활 곳곳에서 두드러진다. 언론에서는 그럴싸하게 보이는 유명 인사가 정작 지인들에게는 손가락질 받는 경우가 드물지 않다. '기본이 안 되어 있다', '경우가 없다' 등등 그에 대한 비난은 끝이 없다. 이런 사람이 과연 행복할 수 있을까? 이들은 자신의 본모습이 세상에 알려질까 늘 안절부절못한다. 부실한 일상이 더욱더 세상의 평가에 매달리게 하는 꼴이다.

이쯤 되면 몽테뉴가 자기 생활에만 관심 있다고 한 말이 이해가 된다. 누가 뭐래도 견실하고 성실하게 일상을 살아가는 사람은, 자기 삶에 언제나 당당하다. 돈 많지만 가정생활은 엉망인 아버지와, 가난하지만 따뜻하고 사랑 깊은 아버지를 견주어보라. 돈만 많은 포악한 아버지는 자녀에게 '지갑'으로 여겨질 뿐이다. 아버지가 더 이상 자식에게 경제적인 도움을 못 줄 때, 둘의 관계는 무너질 것이다.

우정도 사랑도 쌓지 않은 채 높은 자리만 차지한 자들도 별다르지 않다. 그들도 언젠가는 자신의 지위에서 밀려날 것이다. 이때, 그들의 삶은 나락으로 떨어져버린다. 하지만 꾸준히 우정을 가꾸며 알차게 일상을 꾸려온 사람은 지위나 직책에 둔감하다. 이것 없어도 늘 삶이 충만한 까닭이다. 몽테뉴의 말을 더 들어보자.

"성(城)을 공격하여 돌파한다. 사절로서 외국에 나가서 담판한다. 한 국민을 통치한다 하는 것은 찬란한 행동이다. (하지만) 자기 식구들과 자기 자신을 부드럽고 올바르게 꾸지람하고, 웃으며, 팔고 사며, 사랑하고, 미워하며, 교섭하고, 되는 대로 일하지 않고, 자기 말을 어기지 않는 것, 이런 일은 그리 드러나 보이지 않지만 더 드물고 어렵다."[3]

그렇다면 우리는 무엇을 고민해야 할까? 남들에게 자신이 얼마나 그럴싸하게 보이는지에 신경 써야 할까, 아니면 일상 속에서 따뜻하고 사려 깊은 사람이 되기 위해 노력해야 할까?

자랑을 위한 삶과 만족을 위한 삶

"꼬집는 맛이 없으면 즐거운 맛도 없다." 인생은 배배 꼬이고 신산스러워야 제맛(?)이다. 아무 갈등 없이 주인공이 행복하기만 한 드라마가 재미있을 리 없다. 문제와 도전에 부딪혔을 때 비로소 삶은 의미심장하게 불타오른다. 그래서 몽테뉴는 두려움 없이 세상에 도전하라고 말한다.

그러나 그는 또 다른 충고도 놓치지 않는다. "우리 영혼의 뛰어남은 위대한 일에서가 아니라, 평범한 일에서 드러난다." 내 삶이 제대로 되었는지는 다른 사람이 평가하지 않는다. 남들이 나에게 박수를 치건 비난을 하건, 그들은 결국 자기의 생활로 돌아가버린다. 내 인생을 끝까지 책임지고 갈 사람은 나 자신이다.

"나는 젊어서는 남들에 자랑하려고 공부했다. 그 뒤에는 나를 만족시키기 위해서 했다. 지금은 재미로 공부한다."4

자존감도 연습해야 는다. 자기 생활에 충실하며 주변에 도움이 되도록 늘 애쓰는 사람은 세상 평가에 휘둘리지 않는다. 누가 뭐래도 '자신의 양심'이 삶의 자부심을 뒷받침해주기 때문이다. 반면, 남들에게 인정받는 데 삶의 목적을 두는 사람은 세상의 시선에 대한 두려움에서 영영 벗어나지 못한다.

그대는 자랑하기 위해 사는가, 자신의 만족과 재미를 위해 사는가? 몽테뉴의 충고에 귀 기울일 일이다.

---

1 미셸 드 몽테뉴 지음, 손우성 옮김, 『몽테뉴 수상록』, 문예출판사, 2007, 18쪽.
2 같은 책, 181쪽. 인용 문장은 본문 문투에 맞게 지은이가 윤문한 것임.
3 같은 책, 183쪽.
4 같은 책, 145쪽.

나는 왜 패배자의 운명을
따르고 있을까 「신화와 인생」

내 안에는 모든 시련을 이겨내고도 꼭 이루고픈 간절한 소망이 있는가?
이를 이루어냈을 때, 나의 인생은 '성공'으로 결론 날 것이다. 성공적인 인생을 살고 싶은가?
그러면 인생을 끌고 갈 '위대한 욕망'부터 키울 일이다.

절대 따라잡을 수 없는
엄친아의 인생 진도표

치열한 경쟁은 시야를 좁게 만든다. 살아남기 위해 무리에
무리를 거듭하는 상황, 영혼은 생기를 잃고 건강도 예전 같지
않다. 친구, 가족 사이도 서먹하기만 하다. 그래도 어쩌겠는
가. 일단 살아남아야 미래도 있지 않겠는가. 우리 사회는 사람
들에게 다음과 같은 '인생 모범 진도표'를 새겨놓은 듯하다.

"공부 잘해서 명문 대학에 들어간다. 졸업 후에는 판검사, 의사 같은 '고소득 전문직'이 된다. 서른 즈음에 성격 좋고 똑똑하며 집안 배경도 튼실한 배우자를 얻는다. 이후에는 부와 명예를 꾸준히 쌓아간다. 예쁘고 똑똑한 자식을 낳고, 그들에게 부모와 같은 인생을 살 수 있게끔 기반을 물려준다."

이는 '엄친아의 인생 진도표'일 뿐이다. 진도표대로 인생을 완성할 이들은 극소수에 지나지 않는다. 이 잣대로 가늠하자면 대다수의 인생은 '실패자'가 될 것이다. 경쟁에서 밀린 이들에게도 저마다 사연이 있다. '집안이 받쳐주지 못해서' 공부를 할 수 없었고, '학원도 못 다녔기에' 학벌이 나빴으며, '세계적인 불황 탓에' 좋은 직장을 얻지 못하고, '별 볼일 없는 배우자'를 만나서 팔자가 꼬일 수밖에 없었다는 식이다.

문제는, 이런 식의 하소연도 우리 사회에서 나름의 '인생 진도표'로 자리를 잡았다는 데 있다. 무르익은 술자리에서는 '무엇 때문에', '누구 탓에' 내 인생이 망가졌다는 신세 타령이 끝없이 이어진다. 대개는 어디선가 들어봤음직한 고만고만한 사연들이다. 그렇다면 그대는 어떤 인생 진도표를 따라가고 있는가? '엄친아의 인생 진도표'인가, '실패자의 인생 진도표'인가?

**왜 내 인생은 영웅 이야기처럼
풀리지 않을까?**

삶이 뜻대로 풀리지 않을 때, 우리는 대리만족에 빠지곤 한다. 드라마나 영화는 성공적인 '남의 인생'을 보여준다. 잘생기고 유능한 주인공이 온갖 고난을 이겨내고 성공을 거머쥔다는 식의 이야기들이다. 뻔한 스토리임에도 우리는 좀처럼 드라마에서 눈을 떼지 못한다. 왜 그럴까? 드라마 속에는 내 일상에서는 맛보기 힘든 '성공하는 인생 진도표'가 담겨 있기 때문이다. 내가 꿈꾸던 삶이 바로 저런 인생 아니던가.

신화학자 조지프 캠벨(Joseph Campbell)에 따르면, 드라마나 영화가 그려내는 '환상'은 어느 시대에나 전 세계에 퍼져 있었다. 신화나 전설 속의 영웅 이야기들은 대개 공통된 구조를 갖고 있다는 뜻이다. 행복한 어린 시절과 갑자기 불어닥친 위기, 도전을 해야 하는 상황과 망설임, 스승의 등장과 위기의 극복, 사랑과 유혹, 마침내 이룬 성공과 이어지는 귀환.

그리스 로마 신화나 동서양의 민담은 물론이고, 「슈퍼맨」

이나 「아이언맨」 같은 할리우드 영화에 이르기까지, 위의 구조로 짜여 있지 않은 이야기는 거의 없다. 왜 이토록 비슷한 얼개의 영웅 이야기가 언제 어디서나 인기를 끌까?

캠벨은 이러한 구조가 인류의 공통적인 열망을 담고 있기 때문이라고 답한다. 영웅 이야기에 빠져드는 내 마음도 다르지 않을 듯싶다. 그렇다면 왜 내 인생은 영웅 이야기처럼 해피엔딩으로 끝나지 않을까?

내 인생을 한 편의 영웅 드라마라고 생각해보라. 나에게도 분명 '모험으로의 소명(召命)'이 있었다. 일상을 박차고 나가 꿈을 이루기 위해 도전해야 할 시기가 있었다는 뜻이다. 영웅이 모험을 두려워해 현실에 눌러앉았다면 어떻게 될까? 드라마는 처음부터 무너지고 말 것이다.

삶이 던지는 도전 요청을 뿌리칠 때, 인생은 말라붙어버린다. 이루지 못한 꿈은 두고두고 미련을 남긴다. 일상이 비루하고 힘들 때면 짜증과 화가 치밀기도 할 테다. 캠벨은 말한다. "(닥쳐온 모험을) 긍정적인 방식으로 경험하길 거부하면, 결국 그것은 부정적인 방식으로 경험된다."

나에게도 절절히 하고 싶은 일이 있었을 것이다. 하지만 먹고살기 힘들다는 이유로, 주변의 기대를 저버리지 못해서 그 일을 놓아버리지 않았는가? 그렇다면 그대는 '모험을 포기한 영웅'이다. 그대 인생이 '실패자의 인생 진도표'로 흐를 수밖에 없는 이유다.

모험을 포기했다 해서 인생이 안락하고 순탄해지지는 않는다. 캠벨은 평범한 인생을 이렇게 정리한다. 인생의 4분의 1은 '학생의 삶'이다. 그 다음 4분의 1은 '순종의 기간'이다. 미래 직업을 익히기 위해 인성을 다듬는 시기를 뜻한다. 나머지 4분의 1은 '집주인의 삶'을 산다. 사회와 가족이 지우는 자잘한 의무를 떠받치며 살아가야 한다. 낙타처럼 묵묵히 할 일을 하면서 보내야 하는 시기다.

이렇게 인생을 보낸 다음에는 무엇이 있을까? 의무를 다하는 삶이 곧 행복을 뜻하지는 않는다. 캠벨은 촌철살인의 가르침을 던진다.

"하고 싶은 일을 하려면 용기가 필요하다.
다른 사람들은 여러분에게 강요할 갖가지 계획을 갖고 있다.
여러분이 원하는 일을 할 수 있길 원하는 사람은 세상에 하나도 없다."[1]

한 번뿐인 인생, 내가 원하는 삶을 살려면 어찌 해야 할 것인가?

하지 말아야 할 두 가지 걱정

캠벨은 인생을 설계할 때 두 가지를 생각하지 말라고 충고한다. 첫째, 굶어 죽지 않을지 하는 두려움. 둘째, 남들에게 내가 어떻게 비칠지 하는 걱정. 제대로 된 인생을 살고 싶다면 한 가지 문제에 집중해야 한다. "내가 어디에 가야 기분이 좋을까? 내가 뭘 해야 행복할까?"

내가 '살아 있다는 느낌'을 받는 일은 무엇인가? 시간 가는 줄 모르고 놀이할 때처럼 매달리게 되는 일은 무엇인가? 이런 일들은 대개, 앞서 소개한 '엄친아의 인생 진도표'와는 거리가 멀다. '전문가이기는 하되 직업은 없는 상황'인 경우도 흔하다. 예컨대, 예술가가 되는 데는 오랜 훈련이 필요하다. 이는 어지간한 목표의식만으로는 견뎌낼 수 없는 지난한 과정이다. 그러나 안정적인 소득을 주는 일자리는 별로 없다.

하지만 이런 일들은 나의 인생을 '영웅 드라마'로 만들

것이다. 숱한 어려움과 시행착오가 있겠지만, 이는 영웅이라면 으레 겪는 도전과 고난일 뿐이다. 캠벨에 따르면, 신화의 역할은 고통과 시련 속에서도 살아갈 수 있는 용기를 주는 데 있다. 위기가 닥치지 않는 영웅 이야기가 어디 있겠는가. 계속되는 어려움은 나의 삶을 더욱 가치 있게 만들어준다.

"나뭇가지는 이쪽으로 자랄 수도 있고, 그 다음에는 저쪽으로 자랄 수도 있으며, 그리고 나서는 또 다른 쪽으로 자랄 수도 있다. 나무를 제멋대로 자라게 내버려두고 외부로부터의 압력을 가하지만 않으면, 나중에 가서 여러분은 그것이 하나의 유기적 발전 과정이었음을 알게 될 것이다."[2]

우리가 부딪힐 어려움들도 그렇다. 좌충우돌, 앞이 안 보이는 일상의 연속이겠지만 길게 보면 이 모두는 나를 영웅으로 완성시켜가는 과정이 될 것이다.

머리에 불붙은 사람이 연못을 찾듯

하지만 대부분의 사람은 현실과 타협하는 인생을 산다. 많은 학생들은 앞서의 '엄친아의 인생 진도표'를 따라서 살아갈 테다. 마음으로 받아들이지 못한다 해도, 아침부터 저녁까지 책상에서 궁싯거리며 인내의 세월을 보낼 것이다. 하지만 그들 대부분은 결국 원하는 바를 이루지 못할 운명이다. 원래부터 승자의 자리가 몇 개 되지 않는 게임 아니던가. 대다수는 안정되지도, 존경받지도 못할 일생을 받아들여야 할 것이다. 그럼에도 왜 우리는 '엄친아의 인생 진도표'를 따라가려 할까? 캠벨은 이렇게 말한다.

"깨달음을 찾으려는 자에게는 머리에 불붙은 사람이 연못을 찾을 때의 절절함이 있어야 한다."

내 인생의 성공은 남이 결정하지 않는다. 내 안에는 모든 시련을 이겨내고도 꼭 이루고픈 간절한 소망이 있는가? 이를 이루어냈을 때, 나의 인생은 '성공'으로 결론 날 것이다. 하지만 내 안의 절실한 욕망이 없을 때, 나는 남의 욕망에 따른 삶을 살 수밖에 없다. 물음을 던지지 않으면 답도 얻지 못한다. 이루고픈 욕구가 분명하지 않다면 이 또한 채워질 방법이 없다. 성공적인 인생을 살고 싶은가? 그러면 인생을 끌고 갈 '위대한 욕망'부터 키울 일이다.

1   조지프 캠벨 지음, 박중서 옮김, 『신화와 인생』, 갈라파고스, 2009, 87쪽.
2   같은 책, 100쪽.

지겨운 직장 생활,
못 그만두는 까닭은 『자발적 복종』

잠깐 숨을 멈추고 스스로에게 물어보라.
나는 점점 자유로워지고 있는가, 노예로 변해가고 있는가?
자유인으로 살기란 쉽지 않다.

왜 자유를
내던지려 할까?

페르시아의 한 장군이 스파르타 사람들을 만났다. 장군의
눈에는 스파르타인들이 안타깝기만 했다. 거대한 페르시아
제국에 맞서다니, 도대체 제정신이란 말인가. 장군은 진심을
담아 충고를 던졌다.

"우리 왕에게 복종하게. 그러면 왕의 품 안에서 안전하고 편안

하게 살 수 있다네."

스파르타인들은 장군의 말에 코웃음을 쳤다.

"당신은 자유가 어떤 맛인지, 얼마나 달콤한지 모르오. 당신도 자유가 뭔지를 깨닫는다면 창과 방패뿐 아니라 이빨과 손톱을 써서라도 자유를 지키기 위해 싸울 것이오."

장군과 스파르타인들은 서로를 이해하지 못한 채 헤어졌다. 둘 가운데 누가 이겼을까? 승리의 여신은 스파르타가 속한 그리스의 편이었다. 16세기 유럽의 지성 라 보에티(Étienne de La Boétie)는 스파르타가 이긴 까닭을 이렇게 설명한다. 자신의 자유를 지키려는 이들은 목숨 걸고 싸운다. 자유를 잃는 순간 모든 것을 잃기 때문이다. 상대의 자유를 뺏으려는 이들은 그렇지 않다. 그들은 조금만 피를 보아도 금방 용기를 잃는다. 이익보다 손해가 크다면 굳이 상대방과 싸울 이유가 없는 탓이다.

인간에게 자유는 그 무엇보다 소중하다. 자유를 잃은 인간은 노예에 지나지 않는다. 하지만 주변을 둘러보라. 놀랍게도, 스스로 노예가 되고 싶어하는 이들이 적지 않은 듯싶다. 자유 따위는 기꺼이 내던져버리고 힘센 자 밑으로 들어가려 한다. 라 보에티는 이러한 모습에 혀를 찬다. 왜 사람들은 스스로 힘센 자에게 고개 숙이고 복종하려 하는가?

길들여진 말은 달아나지 않는다

이유를 찾기는 어렵지 않다. 라 보에티는 말한다. "엄청난 전쟁의 고통과 당면한 재난은 인민들의 비판력을 마비시킨다."[1] 세상이 고생스럽고 두려울 때, 먹고살 길이 막막할 때, 우리는 자유보다 생존에 마음이 더 끌리곤 한다.

강한 자의 보호 아래 들어가면 우리는 과연 더 안전하고 행복해질까? 라 보에티는 고개를 가로젓는다. 그는 야생마를 예로 든다. 처음 고삐를 채우고 안장을 얹을 때, 말(馬)은 길길이 날뛸 것이다. 하지만 길들여진 다음에는 자신의 처지를 고분고분 받아들인다. 심지어 도망칠 수 있는 상황이 생겨도 말은 달아나지 않는다. 그 자리에 가만히 서 있을 뿐이다.

마침내 말은 자신을 부릴 누군가가 나타나지 않으면 불안해지는 상태에까지 이를 테다. 스스로 살아가는 법을 잊어버린 탓이다. 물론, 새로운 주인은 자신을 마음껏 이용해 먹을 것이다. 그래도 말은 상황을 기꺼이 받아들인다. 주인은 자신을 먹이고 돌봐줄 테다. 그러나 왜 말을 보살피겠는가? 말을 부려먹기 위해서가 아닌가? 이용 가치가 사라진 순간, 주인은 말을 내칠 것이다. 그러니 말은 더더욱 주인에게 고분고분해질 수밖에 없다.

말의 처지는 우리의 현실과 얼마나 다를까?

"인간이 자유를 잃으면 용기 또한 상실한다. 노예로 살아가는 인민들에게는 투쟁 욕구도 없고, 강인함도 없다.……원래 자유를 품은 사람은 어떠한 위험도 아랑곳하지 않고, 동지들과 함께 고귀한 명예를 위해서 장렬하게 자신의 몸을 바치려고 생각하지 않는가? 자유로운 인간들은 고결하게 투쟁하며 싸워나간다.……이에 반해서 노예들에게는 투쟁의 용기도 없고, 다른 모든 사람들의 안녕을 위한 살아 있는 희생적 충동력도 없다. 노예들은 소심하고 나약하며, 위대하게 행동할 능력을 지니고 있지 않다. 그래, 독재자들은 이를 분명히 꿰뚫고 있으리라."[2]

소신을 잃고 윗사람의 눈치만 보게 된다면, 뭐가 옳고 그른지 따지기보다 어느 쪽이 더 나에게 이득이 될지만을 계산하고 있다면, 라 보에티의 경멸에 찬 눈빛을 떠올릴 일이다.

노예보다 못한 삶이란

하지만 줏대 있게 살기란 쉽지 않다. 고개 숙이고 강력한 주인 밑에 있는 편이 더 안전하고 편안할 듯싶다. 라 보에티는 이런 생각에도 결연하게 반대한다. 독재자에게 충성하는 신하들을 보라. 그들은 자나 깨나 주인 마음에 들려고 애쓴다. 주인의 생각을 읽으려 항상 긴장하고 있으며, 주인을 위해서라면 기꺼이 자기 사생활도 포기한다. 심복이 되어야 자신도 부와 권력을 누릴 수 있기 때문이다.

이런 삶이 과연 행복할까? 라 보에티는 이들의 삶이 노예보다 못하다고 잘라 말한다. 노예들도 일을 마친 뒤에는 휴식을 취하며 자기 자신으로 돌아간다. 그러나 심복들은 몸도, 마음도 하루 종일 주인 곁에서 떠나지 못한다. 이럴수록 그들은 자신의 본래 모습과는 멀어진다.

그뿐이던가. 심복끼리의 경쟁은 늘 치열하기 마련이다. 끊임없이 서로를 헐뜯고 깎아내린다. 이들은 결국 홀로 살아갈 때보다 더 격렬한 생존 경쟁에 휩싸일 테다. 이들은 주인이 꾸리는 조직 밖에서 스스로 살아가는 방법을 잊어버렸다. 주인이 자신을 내치면 끝장이다. 살기 위해서라도 그들은 자신을 내던지고 주인에게 매달려야 한다. 이들이야말로 자발적으로 노예가 되어버린 사람들 아닌가?

자유도 훈련해야 누릴 수 있다

철학자 아리스토텔레스는 자유인의 조건으로 '스콜레 (scholē)'를 꼽는다. 스콜레란 '여가'라는 뜻이다. 여가는 시간이 남고 경제적인 여유가 있다 해서 절로 누릴 수 있는 게 아니다. '회사형 인간'으로 평생을 살다가 갑자기 조직에서 밀려난 이들을 떠올려보라. 이들에게 넉넉한 시간은 '자유'가 아니다. 오히려 주체하지 못할 부담일 뿐이다. 그래서 새로운 일자리를 찾아 나선다. 충분히 먹고살 만하다 해도 다르지 않다. 일이 없다는 사실 자체가 고통으로 다가온다. 직장 생활이 힘들다, 힘들다 하면서도 이들은 자신의 상태에서 벗어날 생각을 못한다. 힘겨운 노동도 고통스럽지만, 일이 주어지지 않는 상태는 더 괴롭기 때문이다.

자유를 누리는 능력도 연습하고 훈련해야 갖출 수 있다. 취업이 힘든 시대다. 직장에서의 경쟁도 치열하다. 나를 써줄 이들의 마음에 들기 위해서는 온갖 스펙을 갖추어야 한다. 그래서 마음은 늘 초조하고 일상은 정신없이 바쁘다.

그러나 잠깐 숨을 멈추고 스스로에게 물어보라. 나는 점점 자유로워지고 있는가, 노예로 변해가고 있는가? 조직이 나를 버릴지라도, 나는 당당하게 살아갈 수 있는 능력을 키우고 있는가? 누군가 나에게 해야 할 일을 주지 않아도, 나는 하루하루를 오롯이 보람차게 꾸려갈 수 있는가?

자유인으로 살기란 쉽지 않다. 그래서 많은 사람들은 스스로 자유를 내던져버리고 강력한 누군가의 밑에서 불평하며 살아가는 길을 택한다. 라 보에티는 카이사르(Gaius Iulius Caesar)를 독재자라며 미워했다. 그는 카이사르를 찬양하던 로마 시민들을 더 싫어했다. 왜 그랬을까? 카이사르는 로마 시민들에게 노예근성을 심어놓았기 때문이다. 카이사르 이후, 로마는 민주주의를 회복하지 못했다. 불만이 생겨도 자신들을 다스릴 독재자가 바뀌기만을 기다렸을 뿐이다.

우리의 모습은 로마 시민들의 모습과 얼마나 다를까? 삶에 불만이 많다면 스스로 가슴에 손을 얹고 물어보라. 그대의 삶은 새로운 주인이 나타나기만을 기다리는 노예와 같지는 않은가? 반성하지 않는 삶은 금방 나락으로 추락해버린다. 나는 과연 자유인인지 끊임없이 되물을 일이다.

1 에티엔느 드 라 보에티 지음, 박설호 옮김, 『자발적 복종』, 울력, 2004, 45쪽.
2 같은 책, 64쪽.

남다른 도전에
지치지 않으려면 『잘라라, 기도하는 그 손을』

일상적인 작업들은 노력한 만큼 대가가 돌아온다. 창조적인 일들은 그렇지 않다.
죽어라 애써도 성과는 묻히기 십상이다. 사사키 아타루는 그래도 상관없다고 말한다.
역사의 발전이라는 측면에서 내 노력의 의미를 평가해보라.

나는 왜 이 '짓'을
하고 있을까?

'실패는 성공의 어머니'라는 말이 있다. 하지만 크게 꺾여
본 사람은 이 말에 고개 끄덕이기 어렵다. 실패는 무척 아프
다. 아득바득 온 힘을 다해 노력했을 경우는 더하다. 간단없
이 쏟은 열정, 영혼을 불태우던 숱한 시간들이 하릴없이 스
러져버렸다. 그렇게 치열했는데도 성과가 없다면 이제 어찌
할까 하는 절망감이 밀려든다.

남다른 길을 걷고 있다면 공허함이 훨씬 클 테다. 밥그릇 챙기지 못할 일에 매달리는 모습을 이해할 사람들은 많지 않다. 나이 먹을수록 남들같이 살지 않는다는 사실은 그 자체로 스트레스가 된다.

예술이나 인문학, 순수과학 분야의 일을 하면서 생계를 꾸리기란 참 어렵다. 부귀영화를 누릴 가능성은 더더욱 적다. 그럼에도 나는 왜 이 '짓'을 하고 있을까? 앞이 보이지 않는 막막한 상황, 때로는 내려놓고픈 마음이 굴뚝같다. 도대체 나는 어찌해야 할까? 이런 고민을 앓고 있다면 일본의 젊은 철학자 사사키 아타루(佐々木中)의 응원을 들어볼 일이다.

0.1퍼센트만 이겨도 승리하는 싸움

쇼펜하우어(Arthur Schopenhauer)의 『의지와 표상으로서의 세계』는 처음에 700부만 인쇄되었다. 그나마도 350부는 팔리지 않아 불태워버렸단다. 실망한 쇼펜하우어는 내용을 많이 고쳐 새롭게 책을 내었다. 그래도 사정은 별반 달라지지 않았다.

철학자 니체(Friedrich Wilhelm Nietzsche)는 헌책방에서 우연

히 이 책을 발견했다. 그의 나이 스물한 살 때였다. 니체는 쇼펜하우어에게 큰 감동을 받아, 「교육자로서의 쇼펜하우어」라는 글을 쓰기까지 했다.

니체의 『차라투스트라는 이렇게 말했다』는 철학사에 길이 남을 명작이다. 이 책의 제4부는 고작 40부만 찍었다. 출판하자는 곳이 없어서 니체 스스로 자기 주머니를 털어 인쇄비를 대었단다. 이 가운데 니체가 지인 몇몇에게 나눠준 일곱 권만이 세상에 나왔다.

그렇다면 이 책들은 패배한 것일까? 사사키 아타루는 고개를 젓는다. 고대 그리스 문학 가운데 지금까지 세상에 전해오는 것은 천 권 가운데 한 권 남짓 정도다. 고작 0.1퍼센트만 살아남았지만 이들의 목소리는 세상에 엄청난 영향을 끼쳤다.

일상적인 작업들은 노력한 만큼 대가가 돌아온다. 창조적인 일들은 그렇지 않다. 죽어라 애써도 성과는 묻히기 십상이다. 사사키 아타루는 그래도 상관없다고 말한다. 역사의 발전이라는 측면에서 내 노력의 의미를 평가해보라. 쇼펜하우어의 작품을 읽은 니체처럼, 인류 역사를 바꿀 만한 누군가가 나에게서 큰 영향을 받을 수도 있지 않겠는가!

창조적인 일이란 0.1퍼센트만 이겨도 승리하는 싸움이다. 99.9퍼센트가 몰라주어도 상관없다. 0.1퍼센트만 내 작업의 가치를 알아주어도 세상은 혁명적으로 바뀔 테다. 남들이 가지 않는 길, 평범하지 않는 도전을 하는 사람이라면 이런 마음가짐을 품어야 한다. 사사키 아타루는 발터 벤야민(Walter Benjamin)의 위로를 전해준다.

"밤중에 계속 걸을 때 도움이 되는 것은 다리도 날개도 아닌 친구의 발소리다."[1]

나의 치열한 노력은 세상을 바꾸고픈 누구에게 '친구의 발소리'가 되어야 한다. 나의 시도는 과연 그럴 만한 수준에 올랐는가? 이 물음에 확신을 갖게 된다면 주변의 싸늘한 시선 따위는 신경 쓰지 않게 될 것이다.

**위대한 생각은
깊은 침묵에서 온다**

물론, 현실은 그래도 퍽퍽하다. 반복되는 도전과 거듭되는 실패, 내 일을 이해해주는 사람 없는 상황은 외롭고 헛헛하다. 니체는 이런 처지를 다르게 받아들인다.

"자신이나 자신의 작품을 지루하다고 느끼게 할 용기를 가지지 못한 사람은 예술가든 학자든 일류는 아니다."[2]

창의적인 도전이란 세상에 없던 것을 하는 일이다. 당연히 이해받기 어렵다. 사람들은 익숙한 것에서 재미를 느낀다. 사사키 아타루는 할리우드 영화를 예로 든다. 영화 속 주인공들은 지구의 명운을 걸고 싸운다. 왜 그럴까? 세상이 멸망할 정도의 심각한 상황 설정이 아니면 관객들이 재미를 못 느끼는 탓이다. 이는 사람들이 얼마나 지독한 '불감증'에 걸렸는지를 잘 보여준다. 세상은 자극과 위협에 길들여져 있다. 이런 분위기에서는 오히려 창조적인 생각이 여물기 어렵다.

진정 의미 있는 성과는 꾸준하고 은근한 노력 속에서 피어난다. 비트겐슈타인(Ludwig Josef Johann Wittgenstein)은 "현재를 좇는 자는 언젠가 현재에 따라잡힌다."고 꼬집었다. 세상의 흐름에 조급해하며 목소리를 내려 하지 말라는 뜻이다. 위대한 생각은 깊은 침묵 속에서 피어난다. 꾸준하고 묵묵하게 창조적인 작업을 계속해갈 일이다.

가장 멀고, 깊고, 높은 것을 위하여

이 모든 충고에도 눈앞의 실패를 견디기 어렵다면? 그럴 때는 여느 평범한 삶으로 돌아가는 것도 한 방법이다. 일상은 "낡은 나사의 새로운 회전"같이 비슷한 일이 꾸준하게 거듭된다. 물론, 이러한 일들에도 보람과 가치가 있다.

그럼에도 그대는 창조적인 도전을 내려놓지 못할 것이다. 그대 마음속에는 "인간이 도달해야 할 가장 먼 것, 가장 깊은 것, 별처럼 높은 것, 거대한 힘"3이 부글거리는 까닭이다. 사사키 아타루는 니체의 말을 다시 전해준다.

"그대들이 비록 큰일에 실패했다 하더라도, 그렇다고 그대들 자신이 실패했다는 것일까? 그대들 자신이 실패했다 하더라도, 그렇다고 인간이 실패했다는 것일까? 그렇다면 좋다! 가자!

높은 종족에 속할수록, 완성되는 일은 드물다. 여기 있는 그대들, 보다 높은 인간들이여!……용기를 잃어서는 안 된다.…… 많은 것이 아직 가능하다."4

평범한 사람은 주변의 평가로 자신의 가치를 가늠한다. 그러나 창조적인 영혼은 주위 시선에 휘둘리지 않는다. 인류 역사에서 자기 노력이 어떤 의미인지를 곱씹을 뿐이다. 위대한 영혼을 갖고 있다면 위대한 도전을 멈추지 말아야 한다.

---

1   사사키 아타루 지음, 송태욱 옮김, 『잘라라, 기도하는 그 손을』, 자음과모음, 2012, 271쪽.
2   같은 책, 40쪽.
3   같은 책, 276쪽.
4   같은 책, 276~277쪽.

아이들은 왜 교복 치마를
줄여 입을까 『구별짓기』

우리의 교복 스타일은 대부분의 학생들에게 무엇을 상징할까?
학생들이 교복이 상징하는 문화를 열심히 좇을 때,
우리 아이들 대부분은 과연 '승리자'가 될 수 있을까?

명문 학교에
목을 매는 진짜 이유

명문 학교 중에는 드레스 코드가 엄격한 데가 많다. 예컨
대, 영국 이튼(Eton) 칼리지의 학생들은 연미복 형태의 정장
을 입고 다닌다. 유명한 미국 사립학교들도 나름의 스쿨 룩
이 있다. 최고의 학교들은 한발 더 나아간다. 학생들은 말투
부터 격식 있게 쓰도록 교육받는다. 대화를 나눠보면 '배운
사람' 느낌이 물씬 풍긴다. 취미 생활은 또 어떤가. 승마와 골

프, 조정 등 여느 사람들은 접하기 힘든 스포츠를 한다. 클라리넷, 첼로같이 길게 개인지도를 받아야 할 수 있는 악기들도 하나쯤은 다룰 줄 안다.

우리나라에도 이런 명문(?) 학교들이 하나둘 생겨나고 있다. 교복 외투 한 벌이 수십만 원씩 하는 데다가 해외 수학여행은 기본이고, 방과 후 프로그램으로는 골프와 양궁 등 돈 많이 드는 취미 활동이 이루어진단다.

하지만 이런 학교를 보는 시선은 곱지 않다. 돈이 많이 드니 평범한 사람들은 가기 어려운 탓이다. 귀족 학교라느니, 위화감을 조성한다느니 하는 비판이 끊이지 않는다. 그럼에도 이런 학교들의 인기는 하늘을 찌른다. 왜 그럴까?

이유를 찾기란 어렵지 않다. 우리 사회에서 학벌은 신분만큼이나 중요하기 때문이다. 비싼 학비를 감당할 정도라면 다들 부잣집 자제들일 테다. 게다가 실력과 교양까지 갖춘 학생들이다. 그러니 학교에 다니기만 해도 얼마나 든든한 인맥이 만들어지겠는가.

평범한 집안의 부모들은 이런 학교를 눈엣가시처럼 여긴다. 한편으로, 그들의 태도는 '신포도 전략'인 듯 보인다. 여우는 포도가 먹고 싶다. 그러나 높이 달려 있어서 딸 수가 없다. 이때 여우는 '에이, 저 포도는 시고 맛없을 거야.'라며 고개를 돌린다. 만약 포도를 손에 넣을 수 있다면 어떨까? 당연히 있는 힘껏 매달릴 것이다. 명문 학교에 대한 평범한 부모들의 태도도 다르지 않다. 마뜩치 않다며 비아냥거리지만, 그래도 보낼 수만 있다면 악착같이 노력한다. 명문중, 명문고에 대한 비판만큼이나 입시 경쟁도 날로 치열해지는 이유다.

취향이 신분을 가른다

사실, 명문 학교 진학이 대학입시에 꼭 유리하지만은 않다. 족집게 과외를 받거나, 진학률 좋은 사설 학원에서 수업을 듣는 쪽이 나을 수도 있다. 그럼에도 명문 학교를 가려는 이유는 다른 데 있다.

입시에 성공했다 해서 바로 신분 상승(?)을 이루지는 못한다. 졸부는 돈이 많아도 존경받지 못한다. 진정한 엘리트에게는 나름의 품격과 교양이 있는 법이다. 또한, 그들만의 인간관계와 인맥이 있다. 명문 학교는 이를 길러주는 역할을 한다.

옛날에는 핏줄이 신분을 갈랐다. 지금은 문화와 취향이 신분을 나누는 역할을 한다. 프랑스 사회학자 부르디외(Pierre Bourdieu)의 주장에 따르면 그렇다. 어떤 음악을 좋아하는지를 물었다 치자. 클래식 음악을 좋아한다고 했을 때와 트로트를 즐긴다고 했을 때, 상대의 표정은 어떻게 바뀌던가? 어려운 추상 미술 작품 앞에서 오랫동안 진지하게 서 있는 사람과 누드 사진을 헤벌쭉 보고 있는 사람을 견주어보라. 누가 더 품격 있어 보이는가?

취향은 하루아침에 길러지지 않는다. 높은 수준의 문화를 즐기는 능력은 오랜 훈련을 통해 만들어진다. 좋은 취향을 기르는 데는 돈도 많이 든다. 축구는 쉽게 접할 수 있지만 승마는 쉽사리 익히기 어렵지 않던가.

현대사회에서는 왕후장상의 씨가 따로 없다. 자신이 얼마나 고귀하고 중요한 인물인지는 무엇을 소비하느냐에 따라 갈린다. 따라서 사람들은 남들이 손에 넣기 어려운 상품을 손에 쥐기 위해, 남들은 감히 하기 힘든 취미 생활을 누리기 위해 아득바득한다. 피아노와 미술, 수영 등등 아이들은 끊임없이 학원에서 고상한 취미를 갈고 닦는다. 그 때문에 어지간한 중산층도 학원비 부담에 허리가 휠 지경이다. 그럼에도 이제는 이런 '비교과 활동'이 상급학교 진학을 위한 당연한 스펙처럼 여겨질 정도가 되었다.

부르디외도 교육비 탓에 중산층의 출산율이 바닥을 긴다고 한숨을 쉰다. 나아가 중산층 부모는 학비를 대느라 빈곤층으로 내몰리기도 한다. 그래도 어쩔 수 없다. 우리의 부모들은 돈이 생기면 가장 먼저 교육비를 늘린다. 형편이 어려워진다 해도 학비는 막다른 순간까지 줄이지 못한다.1

부르디외에 따르면, 상류층의 아비투스(habitus)와 빈곤층의 아비투스는 다르다. 아비투스란 '습속'으로 옮길 수 있을 듯싶다. 상류층에 걸맞은 문화를 갖추지 못한다면, 소중한 자녀의 앞날은 어찌 될 것인가. 그래서 우리 부모들은 오늘도 허리띠를 졸라매며 아이들 교육에 매달린다. 하지만 그들이 원하는 대로 자녀들의 '신분 상승'을 이룰 수 있을까?

질 수밖에 없는 게임

안타깝게도 중산층의 '상류층 되기 프로젝트'는 대부분 실패로 끝나고 만다. 사실, 처음부터 이길 수 없는 게임이었다. 빈부격차가 엄연한 상황, 중산층의 투자는 '뱁새가 황새 쫓아가는 격'이다.

정부도 이런 문제를 모르는 바 아니다. 그래서 관료들은 교육의 평등을 이루기 위해 열심이다. 사교육을 줄이기 위해 안간힘을 쓰고, 고급 문화를 누릴 수 있도록 방과 후 프로그램도 늘리는 추세다. 우리의 어지간한 초등학교에 개설된 방과 후 학교 프로그램에는 오케스트라, 스케이트 등 외국의 명문 사립학교에서나 볼 듯한 프로그램도 적지 않다. 하지만 부르디외의 눈으로 보자면, 이 모든 노력은 사회를 더욱 불평등하게 만들 뿐이다. 왜 그럴까?

지배층의 문화가 있다면 지배받는 층에게도 나름의 문화가 있다. 예를 들어 양주가 가진 이들의 술이라면 막걸리와 소주는 서민의 술이다. 유럽에서 조정, 승마, 펜싱 등이 귀족의 스포츠라면, 축구는 평민의 즐길 거리다.

상류층과 중하류층의 문화가 다를 때, 문화는 저항의 수단이 되곤 한다. 평범한 사람들이 모인 곳에서 자기만 상류층이라고 거들먹대보라. 노래방에서 가곡을 부르는 식으로 말이다. 되레 '잘난 척한다'며 눈총만 받을 테다. 서민들 나름의 문화와 정서가 있을 때는 비판 정신이 곳곳에서 빛을 낸다. 지도층의 허세와 사치를 분연히 지적하며 개선을 위해 힘을 모으는 식이다.

반면, 중하류층이 상류층 문화를 따라하려 할 때는 어떨까? 모두가 상류층처럼 고상한 문화를 배우고 익힐 수 있다면? 이때는 '우월한 문화'와 '열등한 문화'가 있을 뿐이다. 사람들은 상류층처럼 높은 안목을 지니기 위해 애를 쓴다. 고상한 품격을 갖추지 못한다 해도, 사회의 불평등한 현실을 원망하지 않는다. 높은 위치에 있는 사람들만큼 능력이 없고 노력도 하지 못한 자신을 탓할 따름이다.

중하류층의 상류층 문화 따라하기는 '질 수밖에 없는 게임'에 가깝다. 골프 필드에 부담 없이 나갈 수 있는 사람과 지하골프연습장에서 채를 휘두르는 것도 버거워하는 이들을 비교해보라. 이들의 같은 놀이를 즐기고 있지만, 우월한 문화와 열등한 문화는 확실하게 갈린다. 부르디외는 현대사회에서 상류사회의 문화는 지배하는 이들의 권력을 단단하게 하는 수단이 된다고 말한다.

망가진 교복에 담긴 자존심

이제 다시 드레스 코드 문제로 돌아와보자. 우리나라의 교복 스타일은 꽤 고급스럽다. 디자인만 보면 영국 해로우

(Harrow) 같은, 귀족들이 다니는 명문 학교의 모양새다. 재킷에 조끼를 입고 넥타이까지 맨다. 여학생들은 고상한 색깔과 모양의 치마를 입는다. 이 또한 서구 상류층 학교의 스쿨 룩이다. 교복 자체로만 본다면 우리의 학생들은 상류층의 문화 코드를 따라하는 셈이다.

학생들은 이렇게 고급한 스타일을 '저급하게' 입곤 한다. 재킷 정장임에도 신발은 대개 운동화다. 학교 수업이 끝난 후 운동장을 바라보면 재킷에 넥타이까지 한 학생들이 축구공을 향해 뛰어다니고 있다. 교복 셔츠를 풀어헤친 채, 체육복 바지 차림으로 거리를 돌아다니는 학생들도 곳곳에서 눈에 띈다.

아예 우리의 학생들은 교복 스타일을 바꾸어 입곤 한다. 남학생들은 다리에 꼭 끼게 바지통을 줄인다. 여학생들은 미니스커트처럼 치맛단을 짧게 줄여 입고 다닌다. 서양 명문 학교 교복이 풍기던 고상함과 품격은 온데간데없이 사라져 버렸다.

제복은 규격대로 입을 때 가장 멋있기 마련이다. 그럼에도 왜 학생들은 이렇듯 어지럽게 교복을 입을까? 자부심을 느끼기 어려운 학교의 학생들일수록, 교복 상태도 나쁘기 마련이다. 반면, 명문고의 학생들은 교복도 단정하고 반듯하게 입는다.

사람은 누구나 이기는 게임을 하고 싶어한다. 나아가 자신이 가장 잘하는 것에서 자존심을 세우려 한다. 예를 들어보자. 전교 1등을 하는 학생은 최우등상을 놓쳤을 때 죽을 만큼 괴로워한다. 반면, 반에서 꼴찌인 아이는 성적에 '쿨'한 척하곤 한다. 만약 그 아이가 외모에 관심이 많다면, 얼굴에 난 여드름에 더 자존심 상해할지 모른다. 적어도 외모에서는 자기가 우수한 편이라고 믿는 까닭이다. 마찬가지로 축구를 잘하는 학생은 축구에, 사람을 잘 사귀는 아이는 인간관계에서 자존심을 세운다.

그렇다면 어떤 학생들이 교복을 제대로 입고 싶어할까? 학교에서 자존심을 세울 수 없는 학생들이 과연 교복을 제대로 입고 싶을까? 공부를 잘할 수 없는 학생들은 아예 수업시간에 대놓고 엎어지곤 한다. 자신을 패배자로 만드는 환경에 '소심한 반항'으로 나름 자존심을 세우는 격이다. 양아치 수준으로 변형되고 풀어헤쳐진 교복도 마찬가지의 상징이지 않을까? 자신을 열등한 존재로 만드는 문화에 나름 '저항'한다는 몸짓으로써 말이다.

물론, 교복은 규정에 맞게 입을 때 가장 멋있고 학생답다. 학생들이 우수한 평가를 받고 좋은 학교에 진학하기 위해서도 모범적인 복장을 갖추어야 한다. 생활 태도는 더 말할 것도 없다. 하지만 그들의 무너진 복장에 혀를 차기 전에 먼저 생각해야 할 것이 있다.

우리의 교복 스타일은 대부분의 학생들에게 무엇을 상징할까? 학생들이 교복이 상징하는 문화를 열심히 좇을 때, 우리 아이들 대부분은 과연 '승리자'가 될 수 있을까? 문화에 숨은 힘을 보여주는 부르디외의 『구별짓기』는 1979년에 출간되었다. 30년 넘게 흐른 지금도 부르디외의 문제의식은 이 땅에서 현재진행형이다.

---

1 홍성민 지음, 『취향의 정치학』, 현암사, 2012, 111쪽.

로미오를 사랑한 줄리엣은
중2병이었을까 『도덕 감정론』

열네 살에 사랑에 빠진 줄리엣은 '중2병'의 희생자라 할 만하다.
그녀 영혼에 '공평한 관찰자'가 자리를 잡았다면
로미오와 오래도록 아름다운 사랑을 꾸려나갔을지도 모른다.

비극의 연인?
비행청소년?

로미오와 사랑에 빠질 때, 줄리엣의 나이는 열네 살이었다. 우리 기준으로는 중학교 2학년인 셈이다. 로미오가 몇 살인지는 정확하지 않다. 그래도 맥락을 짚어보면 그 또한 십대 청소년인 듯싶다. 로미오와 줄리엣, 어린 연인의 사랑은 불같았다. 부모도, 미래도, 사랑을 위해서는 모두 던져버릴 기세였다.

만약 줄리엣이 대한민국 청소년이라면 어떨까? 그대가 만약 줄리엣의 담임교사라고 생각해보라. 등골이 오싹할지도 모르겠다. 줄리엣의 모습을 꼼꼼히 뜯어보면, '중2병'의 특징이 오롯이 드러나는 탓이다. 중2병은 나라님도 못 고치며, 북한도 중학교 2학년이 무서워서 남침을 못한다고 하지 않던가. 중2병은 질풍노도, 안하무인, 후안무치의 절정을 보여준다.

줄리엣은 자기중심으로 세상을 본다. 로미오 집안이 우리와 원수라고? 무슨 문제란 말인가? 내가 로미오와 결혼을 하면 두 가문은 화해할 수 있을 것이다. 어린 연인의 '근자감(근거 없는 자신감)'은 하늘을 찌른다. 이뿐 아니다. 줄리엣은 열렬한 감정을 억누르려고도, 추스르려고도 하지 않는다. 줄리엣은 이 땅에 흔한 중2 학생들과 다르지 않다. 늘 감정이 먼저고 머리는 나중이다. 줄리엣들의 부모는 속이 터질 노릇이다.

줄리엣의 중2병은 독약을 먹는 장면에서 정점을 찍는다. 이틀 동안 시체처럼 잠만 자게 되고 잘못되면 죽을 수도 있는, 말 그대로 '독약'이다. 그럼에도 줄리엣은 거침없이 이를 받아 삼킨다. 마치 오토바이 폭주를 해도 자신만은 죽지 않을 거라 굳게 믿는 비행청소년 같은 모습이다.

하지만 로미오와 줄리엣의 사랑은 여전히 아름답고 감동

깊게 다가온다. 왜 그럴까? 중2병은 스쳐지나가는 열병인 까닭이다. 영혼이 자라는 가운데 자연스럽게 겪는 과정이라는 뜻이다. 세월이 흐르면 중2병은 부끄럽지만 풋풋했던 추억으로 남을 것이다.

중2병 한복판에 서 있는 당사자에게 이런 말은 전혀 위안이 되지 않을 테다. 되레 '속 터지는 소리'로 다가올지 모르겠다. 이들과 씨름해야 할 부모와 선생님들은 더할 것이다. 어떻게 하면 중2병 시기를 현명하게 넘길 수 있을까?

인간을 키우는 것은 허세 그리고 공감

중2병에 대한 처방전은 애덤 스미스(Adam Smith)에게서 찾을 수 있을 듯싶다. 『국부론(國富論)』에서 '보이지 않는 손(invisible hand)'을 주장한, '경제학의 아버지'라고 불리는 애덤 스미스 말이다. 그는 철학책도 여러 권 썼다. 지금 소개할 『도덕 감정론』도 그 가운데 하나다.

애덤 스미스는 '허세'를 나무라지 않는다. 인간과 사회를 키우는 것은 허세이기 때문이다. 왜 돈을 많이 벌고 싶은가? 명예와 권력을 움켜쥐고 싶은 까닭은 무엇인가? 사람들은 먹고사는 정도에서 만족하지 않는다. 인간에게는 인정과 사랑이 필요하다. 그런데 세상은 부자와 권력자를 부러워하고 우러르는 법이다. 따라서 사람들은 부와 권력을 손에 넣기 위해 아등바등한다. 이 둘을 가지면 사람들의 관심과 애정을 독차지할 수 있을 것 같아서다.

애덤 스미스는, 인성과 인격은 돈과 명예, 권력을 좇는 가운데 만들어진다고 말한다. 그에 따르면 '재산에 이르는 길(road to fortune)'과 '덕에 이르는 길(road to virtue)'은 다르지 않다. 재산을 모으려면 성실하고 절약해야 한다. 약속도 잘 지키고 정직해야 남들이 믿고 일을 맡기는 법이다. 이렇게 사람들은 재산을 불려가면서 세상살이에 필요한 도덕성을 갖추게 된다. 애덤 스미스는 상업이 커나갈수록 세상에는 신중함, 정의로움, 절제 같은 미덕이 자리를 잡게 된다고 주장한다.

애덤 스미스는 한발 더 깊게 파고든다. 돈에 매달리는 마음은 어디서부터 올까? 정직과 성실, 절제 같은 덕을 갖추어야겠다는 조바심은 어디서 오는가? 애덤 스미스는 다른 사람의 마음을 읽는 인간의 능력을 눈여겨본다. 이른바 '공감' 능력이다.

인간은 항상 다른 사람의 눈으로 세상을 보고 평가한다. 부자를 부러워할 수 있는 능력은 어디 있을까? 공감을 통해 그가 누릴 풍성함과 여유를 상상으로 느끼는 데 있다. 가난하고 비참한 처지에 떨어지는 것을 두려워하는 까닭은 무엇일까? 이 또한 상상을 통해 힘든 이들의 상황을 공감할 수 있는 탓이다.

이처럼 인간은 공감을 나침반 삼아 세상을 헤쳐나간다. 남이 바람직하게 볼 만한 것을 좇고, 눈 흘길 모습은 애써 피하는 식이다. 또한, 사람들은 남의 마음을 사려고 애를 쓴다. 남의 공감을 살 수 없을 때는 죽을 만큼 괴롭다. 예컨대 시험에서 1등을 했는데도 아무도 축하를 안 해준다고 치자. 기분이 어떻겠는가? 내가 어려운 일을 겪고 있는데도 아무도 위로를 안 해준다면? 잘난 척하지 않고 주변에 마음 쓰며 인격을 갖추려는 데는 이렇듯 공감 능력이 큰 역할을 한다.

여린 사람과 현명한 사람

공감에도 수준이 있다. 애덤 스미스는 '여린 사람(weak man)'과 '현명한 사람(wise man)'을 나눈다. 이 잣대로 보면 중2병에 빠진 아이들은 여린 사람일 듯싶다. 여린 사람은 주변 사람들의 시선에 휘둘린다. 친구들이 자신을 어떻게 볼지 늘 고민한다는 뜻이다. "찌질해 보이느니 죽는 게 낫다."고 대놓고 말하는 아이도 있을 정도다. 주변에 얕보일까 봐 잔뜩 허세를 부리기도 한다. 선생님에게 반항하며 강한 척하고, 도움을 주려는 어른들에게도 험한 소리를 한다. 뭔가 세상과 다른 특별한 부류인 듯 심각한 표정을 짓고 어려운 소리를 늘어놓기도 한다. 한편으로는 부모님에 대한 미안함, 이래도 될까 하는 불안감도 있지만 애써 감춘다. 주변 친구들이 자기를 한심하게 볼까 봐 두려워서다.

현명한 사람도 주변의 시선에 신경을 쓴다. 그러나 그 범위와 폭은 한참 더 넓고 깊다. 여러 관점에서 자기를 바라볼 줄 안다는 뜻이다. 부모님과 가족, 선생님, 선배와 후배, 친한 친구와 안 친한 친구, 이다음에 어른이 되어 자신의 중학생 시절을 떠올리고 있을 자기 자신에 이르기까지 여러 측면에서 자신의 처지를 객관적으로 바라보려고 애쓴다.

애덤 스미스는 이 가운데서 마음속에 '공평한 관찰자(impartial spectator)'가 자리 잡게 된다고 말한다. 공평한 관찰자는 '양심의 소리'와도 통할 듯싶다. 아무도 보지 않는 곳에서 쓰레기를 버렸다 해보자. 주변에 자신을 비난할 사람은 아무도 없다. 공평한 관찰자가 영혼에 심어진 사람은 그래도 마음이 편치 않다. 공평한 관찰자가 비난을 보내는 탓이다. 반면, 남을 돕기 위해 엄청난 손해를 무릅쓴 경우는 어떨까? 누구 하나 칭찬해주지 않아도 기분이 좋다. 공평한 관찰자가 칭찬과 격려를 해주기 때문이다.

철이 든다는 것은 공평한 관찰자가 마음에 자리 잡는다는 뜻 아닐까? 성숙한 사람은 기분 내키는 대로 살지 않는다. 이들은 자기 삶과 세상에 대한 의무감을 언제나 가슴에 품고 있다.

마음속 공평한 관찰자의 칭찬과 비난은 '보이지 않는 손'의 역할을 한다. 누가 나서서 추켜세우거나 야단치지 않아도 스스로 인격을 갈고 닦게 된다는 뜻이다.

줄리엣의 비극을 반복하지 않으려면

다시 중2병으로 돌아와보자. 학자들은 청소년기의 특징으로 '상상의 관중'을 꼽곤 한다. 이는 자신은 특별한 존재며, 세상의 모든 이들이 자기를 바라보고 있다는 착각을 말한다.

그래서 사춘기 아이들은 타인의 시선과 평가에 민감하다.

이런 모습은 인격이 자라나는 과정에서 꼭 필요하다. 다른 사람의 눈에 자신이 어떻게 비칠지 생각하고, 진짜 그런지 친구나 부모, 선생님과 이야기를 나눈다. 이 가운데 잘못 생각한 부분은 깨우치고 받아들여야 할 측면은 무엇인지를 알게 된다. 그러면서 서서히 공평한 관찰자는 마음속에 자리를 잡게 된다.

하지만 우리 현실은 어떤가? 요새 아이들은 정말 시간이 없다.

"새 학기가 시작되었으니/ 넌 우정이라는 그럴듯한 명분으로/ 친구들과 어울리는/ 시간이 많아질 거야/ 그럴 때마다/ 네가 계획한 공부는/ 하루하루 뒤로 밀리겠지/ 근데 어쩌지?/ 수능 날짜는 뒤로 밀리지 않아/ 벌써부터 흔들리지 마/ 친구는 너의 공부를 대신해주지 않아."

버스 광고판에 크게 실린 어느 학원의 광고 문구다. 왜 요즘 아이들이 부모 세대보다 사춘기를 더 심하게 앓는지는 분명해 보인다. 자신과 현실을 객관적으로 바라보는 능력이 생길 때 중2병은 치유되어 사라진다. 이를 위해서는 숱한 만남과 헤어짐, 그리고 꾸준한 반성이 필요하다. 다양한 사람과 사귀면서 어떤 점이 칭찬받았고 무엇 때문에 비난을 샀는지를 떠올리며 인격을 가다듬게 된다는 뜻이다.

경쟁에 쫓기는 고립된 영혼들은 제대로 된 관계를 맺기 어렵다. 사회는 심하게 상처받은 아이들이 영혼이 건강한 친구를 만나는 일을 두렵게 만들기까지 한다. '경쟁 제일주의' 사회에서 학생들은 이마저도 자신을 '인격에서도 열등한 패배자'로 낙인찍는 것처럼 여길 수 있다. 답답하고 또 답답한 노릇이다.

열네 살의 사랑에 빠진 줄리엣은 중2병의 희생자라 할 만하다. 그녀 영혼에 '공평한 관찰자'가 자리를 잡았다면, 로미오와 오래도록 아름다운 사랑을 꾸려나갔을지도 모른다. 줄리엣의 비극을 이 땅의 청소년들이 반복하게 해서는 안 된다.

2부

나를 만만하게
대하는
그들에게

나는 왜 이상한
인간들만 만날까 『거짓의 사람들』

진흙탕에서 뒹굴다 보면 나 또한 진흙 범벅이 되어버린다.
사람을 사귀고 만나는 일도 그렇다. 나도 모르는 새,
나는 나를 힘들게 하는 치들과 똑같은 부류가 되어가고 있지는 않을까?

좋은 사람들은
다 어디로 갔을까

나는 참 사람 복이 없다. 내 주변에는 밴댕이같이 속 좁고 벽창호처럼 남의 말 들을 줄 모르는 인간들 천지다. 되지도 않게 원칙만 앞세우는 고집불통도 한둘이 아니다. 내 주변에는 늘 이런 사람만 있다.

이들에 질려서 직장을, 동호회를 몇 번이나 옮겼는지 모르겠다. 그럼에도 이런 부류의 인간들은 어디에나 잔뜩 있다.

부딪치지 않으려 참고 또 참지만 곧 못 견디는 지경에 이르고 만다. 속을 끓고 끓이다가 마침내 나도 폭발해버린다. 그러고 나서 이번에는 반드시 좋은 동료, 선후배를 만날 것이라는 기대를 품고 또 다른 곳으로 떠난다.

하지만 세상은 어디나 비슷한가 보다. 좋은 인연을 만나기는 무척 어렵다. 새로 옮겨간 곳에서도 벌써 갈등의 조짐이 보인다. 나는 왜 자꾸만 이상한 인간들만 만나는 것일까? 힘든 관계에서 벗어날 방법은 없을까?

이상한 인간들만 꼬이는 이유

이런 고민에 시달린다면 정신과 전문의 스캇 펙(M. Scott Peck)의 충고를 들어볼 일이다. 어디를 가나 갈등과 충돌을 빚게 된다고? 늘 비슷한 과정을 거치며 관계가 결딴나고 만다고? 그렇다면 혹시 나 자신에게 문제가 있는 건 아닐까?

자신을 돌아보기란 생각만큼 쉽지 않다. 스캇 펙은 "마음이 가난한 자는 복이 있다."[1]라는 성경 구절을 예로 들어 설명한다. '마음이 가난한 자'란 누구일까? 자기 스스로를 부족하고 허점이 많다고 인정할 줄 아는 자다. 이런 사람은 자신에게 문제가 있지는 않은지 끊임없이 곱씹는다. 그래서 성장하고 발전한다. 그들은 고통을 자신에게 뭔가 그릇된 점이 있음을 알려주는 신호로 여긴다. 이들에게 아픔은 성장통일 뿐이다.

그러나 악한 사람들은 다르다. 이들은 '은폐와 위장'의 천재다. 그들은 추하고 못난 자신의 모습을 좀처럼 바라보려 하지 않는다. 자신은 아무 잘못이 없는데 주변 사람들이 문제라는 식의 논리를 펴곤 한다. '합리화와 적대적 공격'은 이들의 주특기다.

스캇 펙은 "악은 태만에서 생긴다."고 잘라 말한다. 매순간 반성하며 마음을 닦는 자세는 그냥 생기지 않는다. 원인을 자신에게 돌리며 해법을 찾으려 노력하는 것보다, 남 탓과 상황 탓을 하는 편이 훨씬 쉽다. 이렇게 자신을 돌아보기를 게을리할 때, 악은 내 마음에 뿌리를 내린다.

뒤틀린 영혼은 숱한 갈등을 일으킨다. 우리의 무의식은 나 자신을 보호하려 한다. 나의 인간관계는 왜 늘 험악해질까? 문제의 원인이 '나'여서는 안 된다면, 내 주변에는 성질 더럽고 이상한 이들이 '있어야' 한다! 그래야만 내가 착하고 정의롭게 살고 있음에도 인간관계는 왜 배배 꼬이는지가 설명

되기 때문이다. 내 주위로 이상한 이들을 끌어들이는 사람은 바로 나 자신일 수 있다!

**욕하면서
배운다**

스캇 펙의 해석에 고개를 끄덕이기는 쉽지 않다. 자신의 허물을 제대로 보기란 쉽지 않은 까닭이다. 그의 말을 직접 들어보자.

"위대한 지도자들 중에는 보통 사람들은 잘 모르는 극심한 고통들을 견뎌 내는 이들이 많다. 거꾸로, 정서적 질환의 가장 깊은 밑바닥을 파보면 감정적인 고통을 겪지 않으려는 소극적인 마음이 도사리고 있는 경우가 많다. 우울과 회의와 절망을 고스란히 경험하는 사람들은 일반적으로 자신감 있고 편안하고 자신에 만족하는 사람들과 비교할 수 없을 정도로 훨씬 더 건강할 수 있다. 사실 고통을 거부하는 것이야말로 확실한 질병에 대한 정의(定議)다.……(악한 사람들을 사로잡고 있는 것은) 공포다. 그들에게는 그 가면이 깨져 자신의 참 모습이 자신과 세상에 드러나지나 않을까 하는 두려움이 있다. 혹시 자신의 악과 직접 마주치게 되지나 않을까 싶어 그들은 끊임없이 공포에 휩싸인다."[2]

　자신의 문제를 제대로 바라볼 수 있는 사람은 건강하다. 악한 사람이란 삐뚤어진 자기 영혼을 바라보는 고통을 피하려는 이들이다. 그러나 많은 이들은 스캇 펙의 지적에 억울해할지 모르겠다. 나는 충분히 반성하고 고민하며 내 자신을 가다듬는다. 그런데도 왜 모든 문제를 내 탓으로'만' 돌려야 하는가?

　스캇 펙은 악은 혐오감을 불러일으킨다고 말한다. 혐오감은 멀리 도망가고 싶은 욕망이다. 악한 자 옆에 있으면 나까지 더럽혀질까 두려워서다. 그래서 되도록 빨리 악이 있는 곳에서 벗어나고 싶다.

　그런데 하루 종일 악한 사람 옆에 있어야 한다면 어떨까? 나도 어느새 악에 물들지 않을까? "욕하면서 배운다."는 말이 있다. 사악한 이들 곁에서 생활하는 일은 그들과 비슷해지는 과정이기도 하다. 오래된 성당의 겉벽에는 악마를 막는 장식이 붙어 있다. 가고일(gargoyles)이라고 불리는 이 홈통 주둥이는, 여지없이 악마의 모습을 하고 있다. 악을 악으로

막으려는 셈이다.

우리의 일상도 다르지 않다. 악마 같은 이들과 온종일 부대끼다 보면 어느덧 내 영혼까지 썩어간다. 누군가를 강렬하게 증오하다가, 나도 그들과 똑같은 모습으로 변해가는 꼴이다. 이 얼마나 끔찍한 일인가!

진흙탕에서 벗어나기

세상에 문제없는 사람은 없다. 스캇 펙에 따르면, 나면서부터 악한 사람은 없다. 악이란 하나의 발달 과정과도 같다. 우리 마음은 길들이기에 따라 상태가 바뀐다는 뜻이다. 화를 자주 내 버릇하면 별것 아닌 일에도 버럭 분노가 폭발한다. 긍정적인 생각과 행동을 '습관'으로 삼은 사람은 다르다. 억장 무너지는 순간에도 그들의 얼굴에는 부드러움이 사라지지 않는다.

마음을 닦는 일은 운동과도 같다. 스캇 펙은 악을 '질병'으로 여긴다. 다스리고 고치면 나아질 수 있다는 뜻이다. 진흙탕에서 뒹굴다 보면 나 또한 진흙 범벅이 되어버린다. 사람을 사귀고 만나는 일도 그렇다. 나도 모르는 새, 나는 나를 힘들게 하는 치들과 똑같은 부류가 되어가고 있지는 않을까? 남의 티끌을 보기 전에 내 눈에 들보부터 뽑으라고 했다. 내 마음을 갈고 닦는 일을 소홀히 하면 안 된다.

1 「마태복음」 5장 3절.
2 스캇 펙 지음, 윤종석 옮김, 『거짓의 사람들』, 비전과리더십, 2003, 166~167쪽.

착한 사람이 이용당하지 않으려면 「기브앤테이크」

누군가를 위한다는 이타적인 마음은 내 마음을 단단하게 다잡는다.
자신의 이익을 최대로 챙기는 사람은 역설적으로 이타적인 사람이다.

너무나도 소심한 사람들의 비극

"나의 단점은 거절하지 못한다는 것이다."

링컨(Abraham Lincoln) 대통령의 말이다. 어디 링컨뿐이겠는가. 이는 세상의 착한 사람 모두가 안고 있는 고민일 테다. 이들은 지나치게 남을 믿으며 과도하게 공감하면서도 너무나 소심하다. 그래서 늘 베풀기만 하다가 손해 보기 일쑤다.

세상은 약삭빠른 사람들로 가득하다. 착한 사람들은 이들에게 '호구'일 따름이다. 은근하고 상냥한 미소로 부탁을 하지만, 원하는 바를 얻어낸 뒤에는 안면몰수하곤 한다. 이럴 때면 억장이 무너진다. 하지만 그래도 착한 이들은 부탁을 뿌리치지 못한다. '따뜻하고 좋은 사람'이라는 자신의 이미지가 무너질까 걱정되는 까닭이다. 마음 밑바닥에서 돕고 싶다는 선한 의지가 꿈틀대는 탓에, 상대의 절실함에 눈을 돌리기도 쉽지 않다.

그래서 착한 이들은 호구가 되어버린다. 나도 이런 내 모습이 싫다. 그럼에도 어쩔 수가 없다. 무리한 부탁에 맞서기가 쉽지 않다. 그렇다고 그냥 평생 이용당하며 살아야 할까?

기버와 테이커 그리고 매처

이런 고민에 빠진 이들에게 심리학자 애덤 그랜트(Adam M. Grant)는 위안을 준다. 그는 인간을 기버(Giver)와 테이커(Taker), 매처(Matcher)로 나눈다. 기버는 받기보다 베풀기를 좋아하는 착한 사람들이다. 이들은 늘 자신이 상대를 위해 뭘 해줄 수 있는지를 살핀다. 반면, 테이커는 준 것보다 더 많이 얻기를 바란다. 이들은 '내가 내 것을 못 챙기면 누가 챙기랴!'라며 눈을 부릅뜬다. 이들에게 세상은 먹고 먹히는 정글과도 같다. 테이커는 남들을 누르고 이익을 챙기는 현실적인 사람들이다.

매처는 어떨까? 대부분의 사람은 매처로 살아간다. 이들은 '공평함'을 세상살이의 잣대로 삼는다. 자신에게 잘해주는 사람에게 살갑게 굴고, 공격하거나 이용해먹으려는 치들은 차갑게 내친다. '이에는 이, 눈에는 눈' 식으로 살아가는 셈이다.

그렇다면 이 셋 가운데 가장 나락으로 떨어지기 쉬운 자들은 누구일까? 두말할 것 없이 기버들이다. 그렇다면 출세하여 가장 꼭대기까지 올라갈 사람은 누구일까? 애덤 그랜트는 놀라운 반전을 들려준다. 가장 성공적인 경력을 꾸리는 이들 또한 기버다! 왜 그럴까?

그랜트의 설명은 상식에 가깝다. 윗사람에게는 아부를 일삼으면서 아랫사람들은 사정없이 부리고 짓밟는 나쁜 상사를 떠올려보라. 권력은 사람들에게 잘못된 믿음을 안긴다. 높은 자리에 오를수록 내 마음대로 행동해도 될 것 같은 착각 말이다. 더 이상 이들은 아랫사람의 기분이나 마음에 신경 쓰지 않는다.

하지만 그 결과는 부메랑으로 돌아온다. 대부분의 사람은 나쁜 상사를 응징(?)한다. '험담과 뒷담화'라는 효과적인 방법으로 말이다. 그에 대한 평판은 점점 안 좋아지고, 마침내 상사가 휘청하는 순간, 그의 추한 뒷모습이 여기저기서 터져 나온다. 그의 추락은 이제 시간문제다.

반면, 여기저기 베풀고 덕을 쌓았던 착한 사람은 어디에서나 평가가 좋다. 신세 진 사람들은 언젠가 그에게 보답을 할 준비가 되어 있다. 그러니 결국 선한 마음은 좋은 결과로 이어질 수밖에 없겠다. 애덤 그랜트는 나눔에 대한 명언을 따다 들려준다.

"베풂은 100미터 달리기에서는 필요가 없지만, 마라톤 경주에서는 진가를 발휘한다."[1]

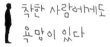

착한 사람에게도 욕망이 있다

그랜트의 설명은 위안이 된다. 하지만 현실에서는 여전히 별 필요가 없다. 먼 장래에 나의 선행이 도움이 되면 뭐하겠는가. 나에게는 당장 눈앞에 알랑거리는 나쁜 부탁을 거절할 용기가 없다. 나의 이익을 조금이라도 주장하려면 낯부터 붉어진다. 세상이 나를 이기적인 사람으로 볼까 두려워서다. 이런 내가 한심하기만 하다.

그랜트는 이 지점에서 정말 요긴한 해법을 안긴다. 먼저, 나 자신의 '역할'을 바꾸어보자. 연봉 협상을 하는가? 그렇다면 나 자신을 연봉 협상 당사자로 여기지 말라. 나의 연봉 협상을 돕는 조언자의 위치에 서 있다고 생각해보라.

내가 아닌 내 친구가 지금 상황을 본다면, 친구는 상대방에게 어떻게 반론을 하고 주장을 펴겠는가? 제3자의 눈으로 나를 바라볼 때 상황은 보다 객관적으로 보인다. 착하고 여린 자신을 챙겨줄 '보호자'로서 행동해보라는 뜻이다. 무리한 부탁을 받았을 때도 마찬가지다. 만약 이 상황에 우리 엄마가 옆에 있었다면 뭐라고 따지며 나를 감싸려 들까? 어려운 상황에서 엄마인 양 행동하다 보면, 어느덧 자신감 있게 반론을 펴는 자신을 발견하게 될 테다.

이보다 더 철학적인 방법도 있다. 내가 소중하게 여기는 가치를 앞세우는 기술이다. 이 또한 별로 어렵지 않다. 불리한 연봉 협상에서 왜 꼬리를 내리게 되는가? 회사의 어려운 처지는 나 또한 잘 알고 있다. '회사에 대한 애정'은 쪼그라질 주머니를 군말 없이 받아들이게 한다.

그러나 '내 가족'도 그럴까? 나는 회사도 챙겨야 하지만, 내 가족도 보듬어야 한다. 나 자신을 '가족의 수호자'로 여겨보라. 가족이 없다면 자신을 '미래 가족의 보호자'라고 생각해보자. 나만을 위해 주장을 펼 때는 목소리가 잦아들지 모른다. 그러나 보호해야 할 또 다른 누군가를 위해 주장을 펴야 하는 상황이면, 나는 고개를 들고 할 이야기를 하게 된다. 선한 사람은 자기 자신이 아니라 누군가를 위해서 노력할 때 당당해지기 때문이다.

여인은 약하지만 어머니는 강하다. 파리 한 마리 못 죽이던 사람도 조국을 위해서는 전쟁터에서 기꺼이 총을 든다. 이런 '기적'을 설명하기란 어렵지 않다. 나보다 큰 무엇을 위해 헌신하는 마음이야말로 진짜 착한 사람들이 자기주장을 내는 진정한 이유다.

**누구를 위해
착해져야 하나**

그랜트의 조언이 도움이 될지 몰라도, 아직 걱정은 남는다. 누구나 착한 사람들로 가득한 세상에 살고 싶어한다. 잇

속을 챙기려 약삭빠르게 눈을 빛내는 자들과 함께 있고 싶어 하는 사람이 얼마나 되겠는가. 착한 나는 이익을 놓고 서로 속이고 이용하는 이 상황이 싫다. 내 주장을 당당하게 펼칠 수 있더라도, 상대와 이익을 놓고 부딪치며 맞서는 상황은 버겁고 슬프다.

그러나 착한 사람들의 이런 마음이 세상을 밝게 만들어준다. 긴 기차 여행을 예로 들어보자. 냉랭한 열차 안 분위기, 누군가 간식을 꺼내어 주변 사람들과 나눈다. 어색하고 부담스러운 상황은 잠깐, 누구라 할 것 없이 먹거리가 있으면 서로 나누는 분위기가 이어진다. 이 가운데 대화와 웃음이 서서히 피어난다. 얼마 지나지 않아, 여행은 따스하고 배려 넘치는 분위기로 바뀐다.

여행의 처음부터 끝까지 인상 쓰며 사소한 잇속까지 챙기려는 상황에서라면 어떨까? 아무리 오랜 시간을 함께해도 분위기는 딱딱하고 차갑다. 그랜트는 '선행은 전염성이 강하다'고 말한다. 누군가 먼저 마음을 열고 호의를 베풀면 여기저기 마음을 열기 시작할 테다. 일터에서는 냉혈한인 사람이, 교회나 소규모 친목 모임에서는 더없이 따뜻하고 베풀기도 많이 하는 경우가 얼마나 많던가? 착한 사람이 모인 집단에서 홀로 약삭빠르게 살아가기도 쉽지 않다.

사람은 자신이 처한 분위기에 따라 기버가 되기도, 테이커가 되기도 한다. 착한 사람의 따뜻한 처신은 세상을 밝고 부드럽게 만든다. 그러니 나의 착한 마음을 굳이 누르고 강해 보이려 애쓸 필요는 없다. 그러나 진정 선한 마음으로 살면서도 이용당하지 않으려면 끊임없이 자신에게 물어보아야 한다.

"나는 이 상황에서 누구(무엇)를 위해 내 입장을 펼치고 있는가?"

누군가를 위한다는 이타적인 마음은 내 마음을 단단하게 다잡는다. 자신의 이익을 최대로 챙기는 사람은 역설적으로 이타적인 사람이다. 착한 그대는 인생을 제대로 살고 있는 셈이다.

1 애덤 그랜트 지음, 윤태준 옮김, 『기브앤테이크』, 생각연구소, 2013, 38쪽.

진정한
인맥이란 『노년에 관하여 우정에 관하여』

어떤 사람을 사귈지 말지를 결정할 때는,
"이 사람을 통해 어떤 이익을 얻을 수 있는가?"를 물어서는 안 된다.
"이 사람을 통해 나는 얼마나 좋은 인격을 갖출 수 있는가?"부터 물어야 한다.

마당발이
부럽다면

'마당발'들은 늘 부러움을 산다. 나를 도울 이들이 여기저기 많다면 얼마나 든든하겠는가. 그래서 사람들은 인맥을 쌓는 데 공을 들인다. 트위터나 페이스북 등 SNS(Social Network Servie)의 '친구'를 늘리는 데 매달리기도 한다.

하지만 사람들 사이에서 온종일을 보내도 마음은 되레 헛헛하고 불안하다. 왜 그럴까? 주변에는 외톨이로 지내는 퇴

직자들이 적잖다. 일 때문에 맺은 관계는 직장을 떠나면 이내 스러지지 않던가. 내가 쌓은 인맥이 언제까지 이어질지 자신이 없다.

나아가, 업무로 맺은 관계에서 완전히 마음을 열기란 쉽지 않다. 친하지만 늘 거리가 있는 느낌이다. 안면을 튼 사람은 많아도 우정을 나누고 있다고 할 만한 이들은 별로 없다. 하루 종일 가면을 쓰고 사는 듯한 상황, 늘 지치고 외로운 심정이다. 이런 상태에서 벗어나려면 어떻게 해야 할까?

신기루보다
허무한 관계

로마시대 정치가이자 철학자인 키케로(Marcus Tulius Cicero)는 촌철살인의 충고를 던진다. 도움을 얻기 위해 많은 인맥을 쌓으려고 하는가? 이럴 때 우정은 '가난과 궁핍의 자식'일 뿐이다. 부족하고 덜떨어진 자들일수록 친구들의 도움을 더 많이 원하는 법이다. 인간관계를 넓히는 데 절절하게 매달리고 있다면, 스스로에게 물어보라. 관계가 넓어질수록 나는 과연 강해지고 있는가, 의존적으로 바뀌고 있는가?

단단한 자아를 갖추지 못한 사람에게 너른 인간관계는 되레 해만 된다. 주변 사람들의 말 한마디에 판단이 바뀌는 '팔랑귀'들을 예로 들어보자. 이들에게 과연 더 많은 인맥을 쌓는 것이 도움이 될까? 듣는 소리가 많아질수록 자신감만 희미해진다. 그럴수록 사람들에게 더 매달리려 할 테다. 이렇게 쌓은 관계가 건강할 리 없다. 튼실한 영혼을 갖추고 있어 친구가 필요 없을 듯한 사람이 오히려 진정한 우정을 나누기 마련이다.

나아가, "이익이 우정의 접착제라면, 이익이 사라질 때 우정도 풀어진다."[1] 상대에게 뭔가를 얻으려면 나에게도 줄 무엇인가가 있어야 한다. 그래서 자기 자신이 유능하고 매력적으로 보이기 위해 끊임없이 허세를 부린다. 이런 상황에서 진실한 관계를 기대하기는 어렵다. 내 자신을 멋진 사람으로 포장하는 생활 연기(?)에 능숙해질수록 살가운 우정은 점점 멀어진다. 업무적인 관계가 공허하게 느껴지는 이유다.

이렇게 쌓은 인맥은 신기루와 같다. 언제든 쉽사리 무너질 수 있다는 뜻이다. '회사를 위해서', '더 높은 대의를 위해서' 등등의 명분만 있으면 언제든 우정은 헌신짝처럼 내쳐진다. 권력 투쟁을 떠올려보라. 어제까지 죽고 못 살 듯 절친한 이들을 단칼에 쳐내지 않던가. 키케로는 높은 지위를 누리는 사람들 사이에서는 진정한 우정이 드물다고 말한다. 그대는 이런 우정을 나누고 싶은가? 진정한 우정을 쌓으려면 어떻게 해야 할까?

진실한 우정은 어떻게 만들어지는가

부귀영화를 누리지만 친구는 하나도 없는 모습을 상상해 보라. 권력자가 될수록 외로워지고 부자가 될수록 친구가 사라진다. 이익을 바라고 치근대는 이들은 늘어나도, 다가오는 사람에 대한 의심이 늘어나는 탓에 속내를 나눌 친구는 만들기 어렵다. 그러나 고독을 당해낼 장사는 없다. 마음 나눌 이 없는 적적한 상태를 행복이라 할 수 있을까?

그래서 키케로는 이익을 바라며 인맥을 쌓지 말라고 힘주어 말한다. 우정은 그 자체로 이익이고 보상이다. 인생에서 따뜻하고 정겨운 우정보다 소중한 것은 없다. 어떤 사람을 사귈지 말지를 결정할 때는 "이 사람을 통해 어떤 이익을 얻을 수 있는가?"를 물어서는 안 된다. "이 사람을 통해 나는 얼마나 좋은 인격을 갖출 수 있는가?"부터 물어야 한다.

"자연이 우리에게 우정을 준 것은 악덕(惡德)의 동반자가 아니라 미덕(美德)의 조력자가 되라는 것이었다. 미덕은 혼자서는 최고 목표에 이를 수 없고, 다른 동반자와 결합할 때 이 목표에 도달할 수 있기 때문이다."[2]

키케로에 따르면, 우정은 선한 사람들 사이에서만 가능하다. 유유상종(類類相從)이라는 말이 있다. 서로 비슷한 사람들끼리 친해진다는 뜻이다. 진실하고 따뜻한 우정을 바라는가? 그렇다면 나 자신부터 진정성 있는 좋은 사람이 되어야 한다. "우정은 찬란한 미덕이 빛을 내뿜고, 유사한 성질의 영혼이 애착심을 느낄 때 맺어지는 것이다."[3]

이익을 바라는 마음은, 마찬가지로 이익을 원하는 사람들로 내 주변을 채우게 한다. 나 자신부터 좋은 인격을 갖추려고 애를 쓸 때, 내 곁은 영혼을 맑게 가꾸려는 이들로 가득해질 것이다. 키케로는 이익은 좋은 우정에서 절로 따라오는 것이지, 이익이 훌륭한 우정을 낳지는 못한다고 잘라 말한다. 그렇다면 인맥 쌓기에 매달리기 전에 우리는 다음의 물음을 스스로에게 던져야 한다.

"나는 상대방이 진정한 우정을 나누어도 된다고 느낄 만큼 좋은 사람인가? 훌륭한 인품을 갖추려면 어떻게 해야 하는가?"

진정한 친구가 될 만한 자질을 갖춘 사람만이 진실한 우정을 나눌 수 있다. 공허한 마음은 인간관계가 더 많이 늘어난다고 채워지지 않는다. 진실한 인맥을 쌓고 싶다면 나 자신의 인격부터 다잡을 일이다.

1 마르쿠스 툴리우스 키케로 지음, 천병희 옮김, 『노년에 관하여 우정에 관하여』, 숲, 2005, 127쪽.
2 앞의 책, 163쪽. 인용 문장은 본문 문투에 맞게 지은이가 윤문한 것임.
3 앞의 책, 141쪽.

짜증 나는 인간들에게
대처하는 법 『화에 대하여』

자신이 뭘 잘못했는지 모를 정도의 인간이라면,
이 사실 자체가 그에게는 이미 처벌이다.
덜떨어진 인간으로 산다는 것 자체가 재앙 아니겠는가.

이렇게 엉망진창인
인간이라니!

"나는 오늘도 만나게 될 것이다. 술에 빠져 살고, 정욕으로 가
득하고, 감사할 줄 모르고, 탐욕스럽고, 야망의 노예가 된 수많
은 사람들을."1

철학자 세네카(Lucius Annaeus Seneca)의 말이다. 복잡한 출
근길, 어깨를 부딪치거나 발을 밟히는 경우는 흔하게 벌어

진다. 그런데도 사과 한마디 없으니, 아침부터 짜증이 북받친다. 일과 중에도 '감정노동'은 쉼 없이 계속된다. 배려라고는 눈곱만큼도 없는 이들은 왜 이리 많은가. 하루 종일 이기적인 자들을 상대하다 보면 파김치가 되어버린다. 그뿐 아니다. 나를 무시하는 싸늘한 표정, 냉담한 얼굴은 나에게 절망을 안긴다. 세상살이란 매일매일 상처 입는 일이다.

지렁이도 밟으면 꿈틀하는 법, 내 가슴속에 쌓여가던 분노는 어느 순간 걷잡지 못할 지경에 이른다. 어쩜 이렇게 엉망진창인 인간들이 있을까? 당장이라도 소리를 지르며 주먹을 휘두르고 싶다. 그러나 일단 숨을 골라보자. 마음속에 분노가, 복수하고픈 욕구가 꿈틀거린다면 일단 세네카의 충고부터 들을 일이다. 복수는 그 다음에 해도 늦지 않다.

화는 내리막길을 굴러가는 돌과 같다

세네카의 충고는 간단명료하다. 화가 나서 당장이라도 터질 것 같다고? 그래도 일단 참아라. 그리고 기다려라. 화를 꼭 지금 낼 필요는 없지 않은가! 세네카는 소크라테스의 경우를 들려준다. 잘못을 한 노예에게 소크라테스는 이렇게 말했다.

"나는 지금 자네를 벌주지 않겠네. 왜냐하면 나는 지금 무척 화
가 났거든."

미뤄놓은 벌은 나중에라도 줄 수 있다. 그러나 한번 내지
른 처벌은 돌이킬 수 없다. 화는 '일시적인 광기'다. 분노에
휩싸인 마음은 필요 이상으로 앞서간다. 상대를 파괴할 수만
있다면 내가 망가져도 개의치 않는다. 그래서 상황을 더 꼬
이게 만든다.

일단 내지른 화를 거두기란 쉽지 않다. 터뜨린 화에 '아차'
하는 후회가 들어도, 여전히 목소리를 높이고 얼굴을 붉힌
다. '공연히 화를 내는 사람'이라는 비난이 두려워서다. "격
분할 구실을 찾아내는 데 있어서 화는 이 얼마나 능수능란한
가!" 화난 마음은 이제 화를 낼 수밖에 없는 구실을 찾아 나
선다.

이런 나를 사람들은 '정당하고 의롭다'라고 평가할까? 그
렇지 않다. '감정 조절도 못하는 덜떨어진 인간'이라며 속으
로 혀를 찰 테다. 그러니 화가 밀려들 때면 숨을 크게 내쉬며

마음을 다잡을 일이다. 화란 내리막을 굴러가는 돌과 같아서, 한번 터져 나오면 좀처럼 멈추기 어렵다.

일단 감정의 고삐를 다잡는 데 성공했다면, 곰곰이 생각해보자. 나는 왜 이리 화가 났을까? 세네카는 병에 걸린 사람을 예로 든다. 감기에 걸린 사람은 찬바람만 스쳐도 몸서리친다. 건강한 사람은 어지간한 추위쯤에는 끄떡도 안 한다. 우리 마음도 그렇다. 정의롭고 강인한 사람은 주변의 상황에 휘둘리지 않는다. 상대가 작정하고 약 올리며 흥분시키려 애써도 바위처럼 흔들리지 않는다.

"몸과 마음이 한꺼번에 병들게 되면 그 무엇도 참을 수 없게 느껴진다. 그것은 그가 느끼는 고통이 커서가 아니고 그가 어떤 것도 견뎌내지 못할 만큼 약하기 때문이다. 의자를 바닥에 끄는 끽끽 소리가 거슬러 화를 내는 사람이 공적인 삶에서 오는 갈등을 어떻게 견디며, 민회(民會)나 원로원에서 자신을 향해 빗발치는 험한 말들을 어찌 견뎌낼 수 있는가? …… 마음을 강하게 단련시키면 아주 심각한 타격이 아닌 웬만한 것은 견뎌낼 수 있을 것이다."[2]

그러니 상대에게 복수하려 달려들기 전에 먼저 스스로에게 물어볼 일이다. 나는 왜 화가 날까? 몸이 피곤해서 신경이 날카롭기 때문은 아닐까? 계속 스트레스를 받는 상황이 반복되다 보니 엉뚱한 사람에게 화를 터뜨리고 있는 건 아닐까? 화가 치밀면 내 속을 긁는 상대를 바라보지 말고, 내가 어떤 상태인지부터 점검하라. 몇 초만 더 참으며 생각을 다잡으면 돌이키기 힘든 '돌발 상황'은 생기지 않는다.

환자에게 화를 내는 건 부끄러운 일

나아가 세네카는 힘주어 강조한다. "화의 포로가 되는 사람은 자유인이라 할 수도 없다." 짐승은 감정이 시키는 대로 움직인다. 인간은 감정을 다스리며 사리를 따질 줄 안다. 북받치는 감정대로 휘둘린다면 짐승과 뭐 다를 게 있겠는가.

화에 휩쓸려 한 행동은 꼭 뒤끝을 남긴다. 잘못을 잘못으로 갚는 것만큼 바보짓도 없다. 상대에게 해를 입힌다 해서 나에게 이로울 것은 없다. 후련한 마음은 잠시뿐, 마음은 더 심하게 망가진다. 분노를 자주 터뜨릴수록 영혼은 점점 황폐해지지 않던가. 마음은 훈련하기에 따라 바뀌기 마련이다.

훌륭한 인품을 가진 사람은 복수를 꿈꾸지 않는다. 물론, 이들도 잘못과 피해에 대해서는 마땅히 꾸짖고 항의를 한다. 그러나 이들은 '정의를 회복하기 위해' 그렇게 할 뿐이다. 환자가 아파서 짜증을 낸다고 해보자. 의사가 그에게 화를 내야 할 이유는 없다. 오히려 따뜻하게 환자를 다독이며 병을 치료해주어야 한다.

나에게 분노를 일으킨 자를 대할 때도 마찬가지다. 그는 영혼이 아프고 병든 사람이다. 그러니 화를 낼 이유가 없다. 세네카는 다시 한 번 간곡하게 충고한다.

"화가 나지 않으면 용감해지지 못하고, 욕망에 사로잡혀야만 활기차게 움직이며, 두려움이 없이는 잠잠해질 줄 모른다면, 마음은 진정한 안정을 찾지 못하고 끊임없이 흔들리고 이리저리 나뒹굴 수밖에 없다.…… 미덕이 악덕의 도움에 의지한다면 부끄러운 일 아니겠는가?"[3]

치솟는 감정에 휘둘릴수록 내 영혼은 더욱 약해지고 불안해질 뿐이다. 끊임없이 마음을 다잡고 냉정하게 판단하는 자세가 중요하다. 감정을 다독이며 무엇이 정의롭고 올바른 대처인지를 생각할 때, 나의 영혼은 어느덧 흔들리지 않는 큰 나무처럼 굳건해질 것이다.

그저, 조금 뒤로 물러나 껄껄 웃어라

세네카의 충고에도 여전히 화가 수그러들지 않을 수도 있다. 나에게 모욕을 준 사람이 여전히 뉘우치지 않은 채, 고개 뻣뻣이 들고 있으면 어쩔 것인가? 왜 나만 억울하게 상처 입은 마음을 다독여야 하는가?

그러나 걱정할 필요 없다. 자신이 뭘 잘못했는지 모를 정도의 인간이라면, 이 사실 자체가 그에게는 이미 처벌이다. 덜떨어진 인간으로 산다는 것 자체가 재앙 아니겠는가. 세네카는 항상 우주의 운명을 생각하는 스토아 철학자답게 한발 더 나아간다.

좀 더 크게 생각해보라. 어차피 저 인간은 결국 죽을 운명이다. 그대가 할 수 있는 최대의 복수는 무엇인가? 상대의 목숨을 빼앗는 것 아니겠는가? 자연은 그대가 원하는 바대로 해준다. 시간이 걸릴 뿐이다.

나 역시 죽을 운명이지 않냐고. 그러니 이게 무슨 '처벌'일

수 있냐고 따지고 싶을 수 있겠다. 그래서 세네카는 우리를 다독인다. "그저, 조금 뒤로 물러나 껄껄 웃어라!" 어차피 우리는 모두 죽을 운명이다. 세상에 뭐 그리 심각할 게 있겠는가! 화를 내며 보내기에는 우리 인생이 너무나 짧다. '쿨'하게 생각하고 즐겁게 받아들여라.

세네카는 말한다. "중요한 것은 부당한 대접을 받았느냐가 아니라, 어떻게 이를 견뎌냈느냐이다." 주변 상황은 내가 어쩔 도리가 없다. 반면, 상황에 맞서 어떻게 할지는 오롯이 나에게 달렸다. 치솟는 분노에 맞서 내 영혼을 평온하게 지키는 것이야말로 최선의 '분노 대처법' 아니겠는가.

1 루키우스 안나이우스 세네카 지음, 김경숙 옮김, 『화에 대하여』, 사이, 2013, 101쪽.
2 같은 책, 126쪽.
3 같은 책, 49쪽.

상처 주는 사람과
잘 지낼 수는 없을까 「평화는 어떻게 시작되는가」

나를 힘들게 하는 그 사람의 현재 모습만 보지 말라.
여리고 상처 입은 상대의 속마음을 헤아려주어야 한다.
이는 그대 자신을 위한 길이다.

그들은 달라지지 않는다

아귀(餓鬼)는 뱃구레가 크다. 이 귀신은 늘 굶주려 있다. 주변에는 음식이 한가득하다. 그럼에도 아귀는 주린 배를 채울 수 없다. 목구멍이 바늘처럼 좁기 때문이다. 그래서 먹고 또 먹어도 창자에 음식이 들어가지 못한다.

아귀는 포악하다. 배고프고 피곤하면 누구든 짜증이 치민다. 아귀도 그렇다. 아귀는 사람들을 잡아먹지 못해 안달이다. 그래서 주변은 늘 지옥이다. 우리 주위에는 아귀 같은 사람이 꼭 있기 마련이다. 그들의 찌푸린 얼굴에는 늘 분노가 서려 있다. 말투 또한 시비조여서 한 마디도 기분 좋게 건네는 법이 없다. 이런 자와 함께하는 생활은 하루하루가 악몽이다.

문제는 이런 치들의 행동과 말본새가 좋게 바뀌는 경우는 좀처럼 없다는 거다. 화도 내보고 주먹다짐을 해보아도 달라지는 것은 없다. 오히려 상대의 성마름에 내 성격까지 더러워지는 듯싶다. 생지옥이 따로 없는 상황, 여기서 탈출할 길은 없을까?

**배부르고 등 따실 때는
누구나 천사다**

하지만 원래부터 나쁜 사람은 없다. 상황이 심사를 뒤틀어 놓았을 뿐이다.

"폭력은 두려움과 절망, 외로움의 표현이다."[1]

베트남 출신의 승려 틱낫한의 말이다. 배부르고 등 따실 때는 누구나 천사가 된다. 그러나 무언가 불편하고 아플 때면 심사가 배배 꼬인다. 까탈스런 사람들을 찬찬히 살펴보라. 그들은 아귀와 닮은꼴이다.

아귀는 바늘같이 가느다란 목구멍 탓에 음식을 넘기지 못한다. 그네도 마찬가지다. 그들은 '뿌리 없는 나무'와 같다. 냇가에 있어도 물을 빨아들일 뿌리가 없는 나무처럼, 그들은 애정을 받아들이는 법을 모른다.

인간은 누구나 따뜻한 관심과 인정을 받아야 한다. 그네에게도 사랑이 필요하다. 하지만 그들은 남들의 애정을 고맙게 받아들일 줄 모른다. 상대의 친절을 퉁명스럽게 받아치며 화를 북돋을 뿐이다. 물론, 이럴수록 자신만 더 외롭고 힘들어질 따름이다.

이들은 자신의 헛헛함을 어떻게 채울까? 술에 절어 있거나 게임과 도박에 빠져 지내기 십상이다. 하루 종일 텔레비전과 스마트폰 화면만 들여다보는 이들도 적지 않다. 고독과 차오르는 분노를 잊기 위해서다. 하지만 이러고 있으면 마음이 편안해질까? 그렇지 않다. 배고파서 생기는 짜증은 위장을 채워야 사라진다. 두려움과 절망, 외로움 탓에 생긴 짜증과 분노도 다르지 않다. 이들의 문제는 따뜻한 사랑과 관심을 충분히 받았을 때야 비로소 풀린다. 문제는 이들에게 그럴 능력이 없다는 데 있다. 그들을 도울 방법이 없을까?

가장 강력한 무기는 이해와 자비심

틱낫한은 폭력은 결코 해결책이 아니라고 잘라 말한다. 소리 지르며 주먹을 휘두른 적이 있다면 틱낫한의 말이 절절하게 다가올 것이다. 후련한 기분은 잠시뿐, 내 마음은 어느새 상대처럼 분노가 들끓는 지옥이 되어버린다.

문제를 푸는 길은 '참된 생각'밖에 없다. 참된 생각이란 "깊은 이해와 사랑, 자비심, 자유를 주는 생각"을 뜻한다. 찻잔 속 출렁이는 물을 잔잔하게 하려면 잔을 가만히 두어야 한다. 잔을 계속 흔들어대면 물은 더욱 심하게 울렁일 테다. 마음을 다스리는 방법도 그렇다. 상대가 나를 미칠 듯이 화나게 하는가? 그러면 일단 한발 물러서야 한다.

"화가 나면 아무 말도 하지 않고 아무런 행동도 하지 않을 것을 약속해야 한다."2

틱낫한은 명상에는 싸움이 없다며 다독인다. 지금같이 느끼면 안 된다고 스스로를 '설득'할 필요는 없다는 뜻이다. 내 마음에 무엇이 일어나고 있는지를 찬찬히 바라보기만 해도 된다. 당장이라도 폭발할 것 같다면 물러나 기다려야 한다. 내 마음이 편안하지 않다면 상대방을 평온하게 만들 수도 없다. 틱낫한이 "인내도 자비심의 한 부분"이라고 말하는 이유다.

불교에서는 모든 이에게 부처의 모습이 서려 있다고 한다. 투정 부리는 어린아이는 항상 그 상태로 있지 않다. 짜증에 북받쳐 그럴 뿐, 마음 편해지면 아이는 해맑고 귀여운 모습으로 돌아갈 것이다.

틱낫한은 "가장 강력한 무기는 이해와 자비심"이라고 말한다. 나를 힘들게 하는 그 사람의 현재 모습만 보지 말라. 여리고 상처 입은 상대의 속마음을 헤아려주어야 한다. 내가 누구를 위해서 그래야만 하냐고 되묻고 싶을지 모르겠다. 하지만 이는 그대 자신을 위한 길이다.

의식은 씨앗과도 같다. 나쁜 생각에 물을 주면 내 마음은 악한 것들로 가득 찰 것이다. 이럴 때 내 영혼은 나를 괴롭히는 상대의 못난 모습과 똑같아진다. "내 생각은 나의 작품과도 같다." 내가 내뱉는 말, 내가 하는 생각 하나하나가 모여 나를 만든다. 그러니 분노가 내 영혼에서 자라지 않도록 조심하고 또 조심해야 한다. 이렇게 내 영혼의 근육을 길러나 갈 때 나의 삶은 맑고 튼실해진다.

그는 나의 또 다른 몸이다

마음에 치미는 화는 우는 아기와 같다. 아기가 울면 어르고 달래주어야 한다. 그럼에도 이렇게 하는 사람은 많지 않다. 우는 아기는 내버려둔 채, 눈을 부릅뜨고 상대에게 달려드는 이들이 대부분이다.

무엇보다 내 마음부터 챙겨야 한다. 의식은 씨앗과 같다고 했다. 착한 생각에 물을 주어야 한다. 따뜻한 햇살은 식물의 줄기를 자기 쪽으로 끌어당긴다. 살가운 가슴과 따뜻한 말도 그렇다. 내 영혼이 따사로운 봄볕처럼 바뀌어갈 때 아귀 같은 상대도 서서히 변할 것이다.

나를 힘들게 하는 사람과 지내는 것은 도를 닦는 일이다. 틱낫한은 "깊이 듣고 사랑으로 말하는 명상"을 한다는 심정으로 상대를 헤아리라고 충고한다. 이런 자세로 산다면 고통을 주는 상대방은 되레 나를 깨달음으로 이끄는 부처가 될 수도 있겠다.

"우리가 의지해야 하는 것은 우리의 지성이며, 우리의 자비심이며, 우리의 이해이다. 만약 내 안에 이런 것들이 있다면 누구나 나의 친구가 될 수 있다.……(나를 힘들게 하는 상대를) 적으로 볼 것이 아니라, 도와주고 봉사해야 할 대상으로 보아야 한다."[3]

상대방은 나의 '또 다른 몸'이다. 그 사람을 바꾸고 싶다면 나부터 변해야 한다. 득도의 길은 멀고 험하다. 시련을 안기는 상대를 화두로 삼아 자신을 성장시킬 일이다.

1　틱낫한 지음, 강주영 옮김, 『평화는 어떻게 시작되는가』, 다산초당, 2011, 192쪽.
2　같은 책, 130쪽.
3　같은 책, 151~152쪽.

이를 악물고서라도
용서하라 『우리는 어쩌다 적이 되었을까?』

내가 아픔을 준 상대를 파멸시킨다 해서,
내 인생이 나아지지 않음을 깨달아야 한다.
가해자에게 복수하는 것과 내가 제대로 삶을 사는 것은 전혀 다른 문제다.

넌 내게
증오를 줬어

절절한 사랑은 종종 뜨거운 증오로 바뀌곤 한다. 정말 좋아하던 사람이 배신을 한 상황을 떠올려보라. 그이에게 내가 아닌 다른 연인이 있다는 사실을 알았을 때, 세상은 어떻게 바뀌던가? 내 마음은 순식간에 지옥이 된다. "어떻게 나에게 이럴 수가 있지?" 방금 전까지 나를 설레게 하던 사랑은 미칠 듯한 증오로 변한다. 씻지 못할 상처를 안긴 상대를 처절하게 파멸시키고픈 열망이 솟구칠 테다.

사랑의 반대말은 증오가 아니다. 사랑이 아닌 상태는 무관심이다. 상대에게 관심이 없을 때는 증오도 일지 않는다. 미칠 듯한 분노는 관심과 사랑 때문에 온다. 심리학자 로버트 J. 스턴버그와 카린 스턴버그(Robert J. Sternberg & Karin Sternberg, 이후 글에서는 '스턴버그'로 표시함)에 따르면, 사랑과 증오는 똑같은 대상에 대해 동시에 느낄 수 있는 감정이다.

애증, 사랑하기에 증오하는 상태는 무섭도록 잔인하고 아프다. "사랑받지 못하면 혼자 사는 것보다 외롭다." 스턴버그의 말이다. 상대의 무심함은 그 자체로도 상처가 된다. 상대를 마음에서 놓지 못하기에 하루하루가 절망이다. 아픔을 곱씹고 또 곱씹게 되고, 그럴수록 가슴은 더 새까맣게 탄다. 이 돌아버릴 것 같은 상황에서 어떻게 하면 벗어날 수 있을까?

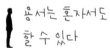

용서는 혼자서도 할 수 있다

스턴버그에 따르면, 분노는 품고 살아봐야 자신만 손해다. 상대를 용서하고 놓아버려야 한다. 상대에 대한 원망에 사로잡힌 한, 내 삶은 상대에게 묶여 있다. 제대로 살기 어렵다는 뜻이다.

내게 상처 준 이도 괴로운 상황일까? 아마도 나 같지는 않을 것이다. 나와 같다 해도 상황은 달라질 게 없다. 서로가 제대로 삶을 꾸리지 못한다는 점에서는 둘 다 바람직하지 않다. 지금의 상황에서 빨리 벗어나는 것이 서로에게 이롭다.

용서는 화해와 다르다. 화해는 나 혼자서 할 수 없다. 내가 좋은 감정을 품었다 해도 상대가 거절하면 어쩔 도리가 없다. 그러나 용서는 혼자서도 가능하다. 상대가 나를 어떻게 생각하건 상관이 없다. 내가 상대의 잘못을 잊고 용서하겠다고, 그리고 마음에 짐을 내려놓겠다고 결심하면 그만이다. 이때 마음속 증오는 비로소 출구를 찾는다. 나에 대한 상대의 생각과 태도가 바뀌지 않았어도, 내 삶은 정상으로 돌아갈 길이 열린다는 뜻이다.

하지만 용서가 어디 말처럼 쉽겠는가. 머리로는 용서하겠다고 해도 가슴은 여전히 답답하다. 하루에도 몇 번씩 분노가 솟구칠 테다. 그래도 애를 써야 한다. 정신분석학자 이무석은 증오에서 벗어나는 길은 "용서하기로 결심하고, 의지로 용서하는 것"에 있다고 힘주어 말한다. 이를 악물고서라도 용서하라는 말이다.1

근육은 훈련을 통해 강해진다. 영혼도 다르지 않다. 마음이 흘러가는 대로 내버려둘 때 분노는 가실 길 없다. 괴로움을 잊으려고 술 같은 약물에 의지하게 될지도 모른다. 반면, 거듭하여 용서를 '연습'할수록 내 영혼은 풍요로워진다.

스턴버그는 지혜로운 사람들은 증오하지 않는다는 점을 눈여겨본다. 간디나 마틴 루터 킹, 넬슨 만델라 같은 이들은 평생 박해와 괴롭힘에 시달렸다. 그럼에도 이들은 누구도 미워하지 않았다. 이들은 "지혜로 증오를 넘어 사람과 평화를 감싸 안았다."[2] 어떻게 하면 이들처럼 용서할 수 있을까?

나를 용서할 수 있다면, 누구도 용서할 수 있다

스턴버그가 알려주는 용서의 방법은 다음과 같다. 일단, 상대방이 나의 인생에 중요한 영향을 끼쳤음을, 그리고 내가 상처받았음을 인정해야 한다. 애써 별것 아닌 척하지 말라는 뜻이다. 상처받은 심정은 알아주지 않을 때 더 먹먹해지는 법이다. 세상이 내 마음을 받아주지 않는다면 나 자신만이라도 나의 감정을 알아주고 다독여야 한다.

그리고 내게 아픔을 준 상대를 파멸시킨다 해서, 내 인생이 나아지지 않음을 깨달아야 한다. 가해자에게 복수하는 것과 내가 제대로 사는 것은 전혀 다른 문제다. 그러니 빨리 상대를 용서해버리는 것이 낫다. 제대로 된 응징도 용서를 한 다음에야 할 수 있다. 법적 처벌도 마찬가지다. 분노에 차서 내리는 판결보다 냉철한 이성으로 결론짓는 판단이 더 바람직하기 마련이다.

무엇보다 상대의 관점에서 왜 그랬는지를 물으며 상황을 이해하려 애써야 한다. 상대의 관점에서 그럴 수밖에 없었던 이유를 찾아보라는 뜻이다. 나아가, 나는 누구에게 상처를 준 적이 없는지도 곱씹어보아야 한다. 사람은 누구도 완벽할 수 없다. 내가 누군가에게 아픔을 주었듯, 상대도 나에게 고통을 안길 수 있다. 내가 나의 과거 잘못을 용서할 수 있다면 상대의 잘못을 내려놓지 못할 이유가 없다.

이런 과정은 결코 녹록치 않다. 용서를 결심했다 해서 순식간에 마음이 편안해지지도 않는다. 그래서 용서의 과정은 괴롭고 고통스럽다. 스턴버그는 분노의 감정이 떠오를 때마다 거듭해서 상대를 이해하고 용서하려 애쓰라고 충고한다. 세월 앞에 장사 없다. 이런 과정이 계속되다 보면 어느덧 내 마음은 편안한 무관심으로 돌아가 있을 것이다.

만약 용서하지 않고 증오가 이끄는 대로 끌려다닌다면?

상처와 분노는 내 인생을 또 다른 막장으로 이끌지 모른다.

**아픈 그대,
부디 용서하라**

"증오를 완전히 치유하는 방법은 없다. 파괴적인 심리 과정을 머릿속으로 이해했다 해서 그런 감정이 사라지는 것은 아니다. 하지만 증오로 인해 파괴가 발생했다면 증오와 그로 인한 결과를 반드시 이해하고, 그러한 이해와 행동력을 바탕으로 최소한 증오에 맞서 싸워보려는 시도는 할 수 있을 것이다."[3]

스턴버그의 말이다. 처음부터 맷집이 강한 사람은 없다. 숱한 아픔을 슬기롭게 넘기면서 영혼은 점점 맑고 강해진다. 지금 나를 사로잡고 있는 증오는 내 삶을 튼실하게 할 기회이기도 하다. 용서는 그대의 절절한 분노를 성장통으로 바꾸어놓는다. 부디 그대가 아픈 마음을 다독이고 다잡으며 위기를 잘 넘겼으면 좋겠다.

---

1 이무석 지음, 『나를 사랑하게 하는 자존감』, 비전과리더십, 2009, 241쪽.
2 로버트 J. 스턴버그 · 카린 스턴버그 지음, 김정희 옮김, 『우리는 어쩌다 적이 되었을까?』,
   21세기북스, 2010, 352쪽.
3 같은 책, 352쪽. 인용 문장은 본문 문투에 맞게 지은이가 윤문한 것임.

세상에 휘둘리지 않는
을이 되려면 『게으름에 대한 찬양』

한쪽에만 빠져 있는 삶은 다른 가능성을 보지 못한다.
이들은 일에서 밀려나면 자기 인생도 끝날 것처럼 두려워한다.
그래서 러셀은 어른에게도 '놀이'가 필요하다고 말한다.

왜 우리는 일자리에
전전긍긍할까?

19세기 초, 영국 남자 노동자들은 하루 15시간씩 일했단다. 아이들도 12시간 남짓 일해야 했다. 철학자 버트런드 러셀(Bertrand Russell)은 믿기지 않는다는 투로 이런 사실을 일러준다. 하지만 우리에게 이런 모습은 별스럽지 않다.

우리의 직장 생활은 야근과 특근의 연속이다. 하루 15시간 일하는 게 뭐 그리 대수란 말인가. 아이들은 어떤가? 대한민국 청소년들은 새벽별 보며 집을 나선다. 그리고 밤늦게까지 야간 자율학습에 시달린다. 공부도 일종의 '노동'이다. 우리 아이들에게 12시간 정도 '일'하는 생활이란 특별할 것이 없다.

이런 처지이기에 러셀의 『게으름에 대한 찬양』은 더 울림이 깊다. 그가 지적하던 과거 유럽의 문제가 우리에게는 현실인 까닭이다. 이 글에서 러셀은 우리에게 묻는다. "왜 그대는 아득바득 일을 하는가?", "왜 그대는 일자리를 잃을까 전전긍긍하는가?"

이런 물음을 받으면 화가 날지도 모르겠다. 왜냐고? 우리 대부분은 가늘고 모질게 '을'로 살아야 할 운명이다. '갑'이 나를 일터에서 내친다고 해보라. 나는 나락으로 추락해버릴 것이다. 그러니 어찌 아득바득 일하고 공부하지 않을 수 있겠는가. 안정적인 삶을 살려면 갑이 되거나, 적어도 갑에 휘둘리지 않을 '슈퍼 을' 정도는 되어야 한다. 이런 처지에서 러셀의 물음은 금수저 물고 태어난 이의 현실 모르는 소리처럼 다가온다. 실제로 러셀은 영국의 명문 귀족이기도 했다.

그러나 답답한 마음을 누르고 러셀의 말에 좀 더 귀 기울여보자. 러셀에 따르면, 우리가 일에 절절하게 매달리는 까닭은 생계 때문이 아니다. 오히려 여가를 어떻게 보낼지 모르는 데 있다. 이 무슨 생뚱맞은 소리일까?

남는 시간을 버텨낼 능력이 없다

러셀의 주장은 이렇다. 현대 산업 기술은 눈부시게 발전했다. 제1차 세계대전 무렵에 이미 유럽의 산업은 노동자들이 하루 4시간만 일하고도 모두가 생계를 해결할 정도로까지 나아갔다. 그렇다면 근무시간을 줄이고 일자리를 쪼개어 나누어야 하지 않았을까?

안타깝게도, 그때나 지금이나 이런 일은 벌어지지 않는다. 사람들은 여전히 죽어라고 일한다. 그럴수록 상품은 넘치도록 생산된다. 물자가 시장에 가득 찬 상황, 상품이 제대로 팔릴 리 없다. 기업은 할 수 없이 일자리를 줄인다. 인건비를 아끼기 위해서다.

이 상황에서 사람들의 삶은 두 갈래로 나뉜다. 죽도록 일해야 하는 몇몇 사람과 일거리를 얻지 못한 대부분의 사람들. 이들이 꾸려가는 세상은 고통으로 가득하다. 한쪽은 엄청난 노동 강도에 비명을 지르고, 다른 한쪽은 일자리를 얻기 위한 신산스러운 노력을 이어간다.

만약 튼실한 일자리를 포기하면 어떨까? 프리터(freeter)처럼 욕심을 버리고 최소한의 생계에 만족한다면 근근하게 생활은 꾸릴 수 있지 않을까? 안타깝게도 러셀은 이는 무척 어려운 꿈이라고 말한다. 사회의 복지 수준이 형편없어서가 아니다. 문제는 우리에게 남는 시간을 버텨낼 능력이 없다는 데 있다.

다시 19세기 영국 상황으로 돌아가보자. 노동 강도가 무척 높았음에도 이를 비난하는 목소리는 높지 않았나 보다. 당시, 일은 방탕한 생활을 막는 '도덕 처방전'처럼 여겨졌다. "일이 어른들에겐 술을 덜 먹게 하고, 아이들에겐 못된 장난을 덜 하게 만들어준다."

하긴, 이런 논리는 우리의 '강제 야자' 주장과 별다르지 않다. 야간 자율학습 없이 학생들을 풀어준다면, 대부분은 저녁 시간을 하릴없이 날려버릴 것이다. 몇몇은 아예 나쁜 무리에 섞여 탈선할지도 모른다. 그러니 강제로라도 학교에 잡아 놓고 공부시키는 것이 최선이다!

강제 야간 자율학습의 논리는 직장 생활에도 그대로 이어진다. "가난뱅이들이 휴일에 뭘 한다는 거지? 그 사람들은 일을 해야 한다고!" 어떤 공작부인이 러셀에게 했던 말이다.

그녀는 근로자를 위한 공휴일이 정해지자 분을 못 참고 이렇게 내뱉었단다.

공작부인의 주장이 빈말만은 아니다. 직장인들의 휴일을 떠올려보라. 주변에서 TV 리모컨을 쥐고 소파에서 빈둥대는 '카우치 포테이토(couch potato)'들을 찾기는 어렵지 않다. '이번 주말에 뭘 하지?' 하는 행복한 고민(?)에 난감해하는 가장들도 많지 않던가.

나아가, 하루에 4시간만 일하고 나머지는 하고 싶은 일을 해도 되는 세상이 왔다고 해보자. 그러면 사람들은 행복해할까? 되레 지루함이 일상을 가득 채울지 모른다. 게임이나 도박, 술 등에 빠져드는 이들도 있을 것이다. 사람들이 일터에서 벗어나기를 원하면서도, 일이 없을 때의 헛헛함을 두려워하는 이유다.

이쯤 되면 '여가를 보내는 능력'을 강조하는 러셀의 주장이 솔깃하게 다가온다. 왜 우리는 아득바득 일에 매달릴까? 여기에는 돈이 아쉬운 것만큼이나 여가가 두려운 마음도 있다. 은퇴자들조차도 무한정 주어진 자유로운 시간을 되레 버거워한다. 일자리로 우리를 쥐고 흔드는 갑에게 휘둘리지 않으려면, 스스로 나의 자유 시간을 가꿀 능력을 길러야 한다.

여가는 '소비'하는 게 아니라 가꾸는 것

삶을 즐기는 능력을 갖추는 데도 노력이 필요하다. 현대인들은 심지어 모여서 놀 줄도 모른다. 러셀에 따르면, 옛날 농부들은 여가가 생겼을 때 함께 춤추고 어울렸다. 여러 놀잇감을 스스로 만들며 즐기기도 했다. 그러나 지금은 어떤가? TV 속 연예인들이 '대신 놀아주는 모습'을 지켜볼 뿐이다. 사람을 만나고 여행을 가는 대신, 화면 속에서 남들이 대신 수다를 떨어주고 관광지를 돌아다니는 모습을 보며 즐거워할 뿐이다. 이렇듯 오늘날 많은 이들은 여가를 '소비'할 뿐, 이를 가꿀 능력은 없다.

여가를 잘 보내는 능력은 어떻게 기를 수 있을까? 러셀은 배움의 즐거움을 강조한다. "르네상스 시대에는 배우는 것이 술을 마시거나 사랑하는 행위와 마찬가지로 '삶의 기쁨(joie de vivre)'이었다!"

인생이란 돌격하는 기병대 같아야 한다고 외치는 사람들도 있다. 하지만 한쪽에만 빠져 있는 삶은 다른 가능성을 보지 못한다. 이들은 일에서 밀려나면 자기 인생도 끝날 것처럼 두려워한다. 그래서 러셀은 어른에게도 '놀이'가 필요하다고 말한다. 한발 물러서서 일 밖에서 즐거움을 누릴 때, 우리는 세상을 보다 객관적으로 보기 때문이다.

그뿐 아니다. 일상에서는 속상한 일이 숱하게 벌어진다. 간발의 차로 기차를 놓치기도 하고, 사람들과 사사건건 부딪치기도 한다. 상황에 폭 빠져 있는 상태에서는 작은 괴로움이 세상의 전부인 듯 다가올지 모른다. 하지만 지식과 배움을 갖춘 이는 다르다. 인류 역사 전체의 관점에서 내가 기차를 놓친 사건이 무슨 의미가 있는지를 떠올려보라. 지금 내가 겪는 심각한 갈등이, 과거 영웅들이 벌였던 투쟁만큼이나 가치 있을까? 이렇듯 혜안을 갖춘 사람의 삶은 훨씬 여유롭고 느긋하다.

"필요한 것은 이것이냐 저것이냐 하는 특정한 정보가 아니라 전체의 시각에서 본 인생의 목적에 관한 지식이다. 여기에는 예술, 역사, 영웅적인 사람들의 인생 접하기, 우주 차원에서 볼 때 인간은 한심할 정도로 우연적이고 하루살이 같은 존재에 불과하다는 사실에 대한 이해 등이 포함된다."[1]

알렉산드로스의 행복과
디오게네스의 행복

살기 힘든 세상이다. 공공 도서관 열람석은 공부하는 사람들로 가득하다. 대부분은 입시 참고서, 어학 학습서, 취직 수험서 등을 '열공'하고 있다. '무엇을 하기 위해' 하는 공부가 대부분이다. 이런 공부는 '무엇'을 위해 쓰이지 못하면 소용이 없다. 따라서 학습량이 많아질수록 세상의 부름에 더 애달 수밖에 없다.

반면, '그 자체를 위한 공부'는 어떤가? 시를 읽으며 풍부한 감성을 즐기고, 철학의 정치(精緻)한 이론을 즐기는 이들은 좀처럼 세상에 휘둘리지 않는다. 이들은 '게으름'을 제대로 누릴 줄 안다. 느긋하게 좋아하는 일을 할수록 영혼은 강하고 튼실해지는 까닭이다.

물론, 이런 능력을 기르기 위해서는 미식가의 혀를 갖출 때만큼이나 많은 노력을 필요로 한다. 세상에 휘둘리지 않는 을이 되는 데에도 성실한 수양이 있어야 한다. '갑을 위한 것'이 아닌 자기 자신을 위해서라는 점만 다를 뿐이다.

알렉산드로스 대왕은 온 세상을 손에 넣어야 행복할 수 있었다. 거지 철학자 디오게네스는 햇빛 한 줌만으로도 느긋하게 편안할 수 있었다. 세상의 갑들은 우리에게 알렉산드로스의 야망을 품으라고 외친다. 그러나 견실한 행복을 누리고 싶은 을이라면 디오게네스의 자세를 배울 일이다.

---

1 버트런드 러셀 지음, 송은경 옮김, 『게으름에 대한 찬양』, 사회평론, 2005, 51쪽.

3부

쓰디쓴 실패가
달콤해질
때까지

불행하지 않을
권리에 대하여 **『고통에게 따지다』**

인생이란 '고통'을 주제로 한 변주곡'과 같다.
그 곡을 고르는 사람은 바로 우리 자신이다.
아픔 없는 삶은 좋기만 할까? 그렇지 않다.

불행은
공평하지 않다

불행은 공평하지 않다. 나에게 닥친 재앙은 설명할 길이 없다. 나는 남을 해치지도 않았고 누구에게 피해를 준 일도 없다. 늘 착하게, 열심히 살려고 노력할 뿐이다. 그런데도 왜 내가 이런 고통을 겪어야 한단 말인가?

사랑하는 사람이 죽거나 내가 불치병에 걸렸음을 알게 된 순간, 머리를 스쳐갈 생각들이다. 나는 억울하기 짝이 없다.

세상에는 자기밖에 모르고 나쁜 짓을 서슴지 않는 사람들로 가득하다. 그런 자들도 웃으며 잘만 살아간다.

죄 많은 자는 벌을 받고 착한 사람은 복 받아야 한다. 그래야 세상살이가 공평하지 않겠는가. 하지만 운명은 나의 억울함 따위는 아랑곳하지 않는다. 나에게 닥친 불행에는 이유가 없다. 그래서 더 견디기 어렵다.

왜 나라고 이런 고통을
겪으면 안 되는가

그러나 철학자 유호종은 막막한 고통을 다르게 받아들인다. 그는 이렇게 말한다. '왜 나만 이런 고통을 겪는가?'라며 따지지 말라. 오히려 '왜 나라고 이런 고통을 겪으면 안 되는가?'라고 되물어야 한다.

벌레에게 '새에게 잡아먹히지 않을 권리' 같은 것은 없다. 자기를 사냥하는 사자에게 노루가 '권리 침해'라고 항의할 수도 없는 노릇이다. 운명도 마찬가지다. 우리에게 불행을 겪지 않을 권리는 없다.

이렇게 생각하면 일상은 새롭게 다가올 테다. 내가 누리는 평범한 하루하루는 선물과도 같다. 누구에게나 닥칠 수 있는 불행이 나에게는 찾아들지 않았다. 이는 운명이 나에게 준 선물이다. 그러니 매순간을 고맙게 여기며 소중히 가꾸어야 한다.

내 눈앞에 있는 고통과 시련에도 다른 접근이 필요하다. 고통에 나쁜 점만 있지는 않다.

우리가
진정으로 좋은 날씨를 느끼려면
그것이 오랜 동안의 악천후 뒤에 와야만 한다.
마찬가지로 우리는 불경기를 겪고 나서야
비로소 호경기를 감사할 수 있게 된다.
— 폴 투르니에, 『창조적 고통』 중에서1

고통은 행운과 성공에 감사하는 마음을 갖게 한다. 나아가, 고통이 성장통이 되는 경우도 있다. 고통을 피하고 없애는 것만이 능사가 아니다. 내 인생이 나아지기 위해서는 마땅히 겪어야 할 아픔도 있다.

철없던 시절의 치기 어린 사랑을 떠올려보라. 사랑하던 사람이 떠나던 순간은 죽을 만큼 괴로웠을 것이다. 하지만 지금도 그런가? 이별은 많은 것을 느끼고 깨닫게 한다. 만약 허전함을 견디지 못해 아무하고나 닥치는 대로 사귀었다면 헛헛함은 되레 커졌을 것이다.

아픔을 삭이며 마음을 다잡는 데는 오랜 시간이 걸린다. 그래도 아픔의 세월은 약이 된다. 실연의 상처를 이겨내면서 지혜가 자라기 때문이다. 고통은 성장을 낳는 씨앗이다.

갈등 없는 드라마의 지루함

유호종은 인생이란 '고통을 주제로 한 변주곡'과 같다고 말한다. 그 곡을 고르는 사람은 바로 우리 자신이다. 아픔 없는 삶은 좋기만 할까? 그렇지 않다. 다음 이야기를 보라.

어떤 사람이 죽어 저세상에 가보니 날마다 놀고먹기만 하는 곳이어서 자기가 천당에 왔다고 기뻐했다. 그런데 계속 놀다보니 너무 심심해서 수문장에게 "여기는 너무 심심하니까 차라리 지옥에 보내주세요."라고 요청했다. 이 말을 들은 수문장이 눈이 둥그레져서 물었다. "너 몰랐니? 여기가 지옥이야."2

갈등이 없는 드라마는 재미가 없다. 고통은 삶을 힘들게 하지만 한편으로는 흥미진진한 '사건'으로 만들기도 한다. 고통을 없애려는 가운데 삶의 의미도 생기는 법이다. 행복하고 잔잔한 일상만 계속된다면 생각 없이 살기 쉽다.

유호종은 계약직 노동자를 예로 든다. 매일매일 직장에서 잘릴지 모르는 처지에 놓여 있다 해보라. 그는 현실을 끊임없이 되묻게 될 것이다. 무엇 때문에 일자리는 늘 부족한가? 경제가 웃자라는데 가난한 사람들은 왜 늘어만 가는가? 희망찬 사회란 어떤 모습인가? 등등. 이런 물음은 사회를 더 깊게 보도록 이끈다. 또한, 자기가 해야 할 역할과 삶의 의미에 대해 고민하도록 이끈다.

고통이 빨리 끝나기만을 바라지 말라

그래서 유호종은 고통이 빨리 끝나기만을 바라지 말라고 충고한다. 의미 없는 고통, 내가 왜 당해야 하는지 알 수 없는 아픔은 견디기 어렵다. 그러나 고통을 가치 없게 만드는 것은 바로 나 자신이다. 이는 "마치 훌륭한 예술 작품을 감상하고도 지루함만을 느낀 사람이 있을 때는 그 책임이 작품에 있는 것이 아니라 감상자에게 있는 것과 같다."[3]

마음이 저리고 아픈가? 그러면 스스로에게 되물어보라. 이 고통을 통해 나는 무엇을 배우고 느꼈는가? 아픔을 겪을 때 내가 새겨야 할 점은 무엇인가? 나는 무엇을 어떻게 바꾸어야 할까?

삶이 나락에 떨어졌을지라도, 우리는 "강아지가 말라비틀어진 뼈다귀를 핥고 또 핥는 것처럼" 내 고통의 의미를 곱씹어야 한다. 이렇게 할 때 실패는 성장으로 가는 과정으로 탈바꿈한다. 벼락같이 찾아온 불행, 언제 끝날지 모를 고통이 나의 영혼을 튼실하게 하는 선물이 될 수 있다는 뜻이다. 어둠 속에서 힘든 시간을 보내는 그대에게 응원을 보낸다.

1   유호종 지음, 『고통에게 따지다』, 웅진지식하우스, 2006, 108쪽에서 재인용.
2   같은 책, 122쪽.
3   같은 책, 124쪽.

실패를 기회로
바꾸는 방법 『삶을 위한 철학수업』

인생에 정답은 없다. 거듭되는 실패는 되레 나의 오만함을 없앨 기회이기도 하다.
고집불통이 되어버린 꿈은 주변을 힘들게 한다.
나의 꿈과 주변의 기대는 언제나 소통하고 있어야 한다.

▌ 거듭되는 실패,
　 다 놓아버리고 싶어

　취업이나 진학은 늘 좁은 문이다. 성공보다 실패하는 경우
가 훨씬 많다. 떨어지는 것도 한두 번이지, 여러 번 주저앉다
보면 맥이 풀려버린다. 다 놓아버리고 싶은 생각마저 든다.
그렇다고 돌아갈 길도 마땅찮다. 다른 일을 새롭게 시작하기
에는 어느새 너무 늦어버렸다. 과연 해낼 수 있을지 자신도
없다. 아니, 나에게 하고픈 일이 있는지조차 분명하지 않다.

잘못 산 듯해서 마음이 헛헛하다.

그렇다면 하던 일을 다시 시도해야 할까? 계란으로 바위 치기 같은 상황인데도? 방향을 찾을 수 없고 희망도 보이지 않는다. 이제 나는 어찌 살아야 할까? 답이 보이지 않는 상황, 철학자 이진경은 우리에게 혜안을 안긴다. 그는 성공보다 실패의 기술이 중요하다고 말한다. 실패는 우리에게 성장할 기회를 선사하기 때문이다.

내가 겪은 실패는 사건일까 사고일까

평탄하게만 살아온 사람은 위기에 약하다. 경험이 중요하다는 말은 괜히 나온 게 아니다. 이들은 성공을 해도 그다지 인정받지 못한다. 승리가 당연한 조건에서 성공한 것이 뭐 대단하겠는가.

반면, 산전수전 다 겪은 이들은 어려움 앞에서 침착하다. 이겨내지 못할 상황을 뚫고 일어섰기에 찬사를 받기도 한다. 물론, 모두가 그렇지는 않다. 좌절과 쓰라림을 딛고 서기보다 이 때문에 망가지는 이들이 훨씬 많다. 이 둘의 차이는 어디서 생길까?

이진경은 '사건'과 '사고'를 나누어 설명한다. 사건은 우리 삶에 예상치 못하게 닥친 일이다. 사건은 나의 한계를 일러준다. 사건은 왜 버겁고 괴로운가? 나에게 그것을 넘을 만한 힘이 없기 때문이다. 사건이 없었다면 나는 나의 부족함을 몰랐을 테다. 이를 이겨내는 가운데 나는 더욱 커지고 강해진다.

사고는 없었으면 좋았을 일이다. 사고는 닥친 일을 하루빨리 수습하고 평소로 돌아갔으면 하는 마음을 일으킨다. 사건과 사고는 다른 일이 아니다. 똑같은 상황을 누구는 사건으로, 누군가는 사고로 받아들인다.

닥친 어려움을 사건으로 여길 때 우리에게는 더 큰 사람이 될 기회가 열린다. 단지 사고로만 여길 때는 어떨까? 허둥거리며 빨리 편안해지기만을 원할 뿐이다. 이때 우리에게 발전이란 없다. 이진경은 니체의 말을 들려준다.

"그대들은 가능한 한 고통을 없애고자 하지만, 우리는 그 고통을 지금까지 있었던 것보다 더 높고 힘든 것으로 갖고자 한다.……엄청난 고통의 훈련, 오직 이러한 훈련만이 지금까지 인간의 모든 향상을 이루어왔다는 사실을 그대들은 알지 못하는가!"[1]

두 번 긍정한 사람은 불행도 못 건드린다

그래도 실패는 아프고 두렵다. 하고픈 일에 다시 도전하기에는 내가 너무 많이 다쳤다. 하지만 이진경은 포기하지 말라고 충고한다. 하고 싶은 일을 하기에는 너무 늦었다고? 그렇다면 주변에서 기대하는 대로, 남들이 원하는 대로 인생을 꾸려가는 것이 정답일까? 자기 욕망이 없는 삶은 내 것이 아니다. 영원히 그럴듯한 인생을 흉내낼 뿐이다. 타협은 될지 몰라도 만족은 없다. 후회와 아쉬움은 좀처럼 스러지지 않을 테다.

내가 진정 원하는 삶이 무엇인지조차 모를 때는 어떤가? 이진경은 도전하라고 말한다. 그는 외국 여행을 예로 든다. 낯선 곳에 가는 목적은 새로움과 다름을 접하는 데 있다. 그럼에도 내 집 같은 익숙한 환경을 바라며, 길들여진 입맛에 맞는 음식을 고집한다면 어떨까? 아무리 여행을 많이 한다 해도 깨달음은 없다.

인생도 다르지 않다. 어떤 것을 해보지 않고서는 제대로 알기 어렵다. 내가 무엇을 원하는지 알려면 부딪치고 시도해 보아야 한다. '잠시 맛이나 보듯, 찔러보듯' 해서는 진정 자기가 원하는 바를 알기 어렵다. 좋아하는 일을 하면서 겪는 힘겨움과 신산스러움까지 모두 느껴봐야 한다. 이 또한 받아들일 수 있을 때 그 일은 '내 평생의 과업'으로 거듭난다.

이진경은 "두 번 긍정한 사람은 불행할 수 없다."고 잘라 말한다. 첫 번째 긍정은 자기가 하고자 하는 일, 잘할 수 있는 것을 하려는 태도를 말한다. 두 번째 긍정은 이를 할 때 생길 온갖 어려움과 힘겨움까지도 기꺼이 받아들이겠다는 자세를 뜻한다.

그림을 좋아하는 이들은 많다. 그러나 전업 작가로 겪을 가난과 무명(無名)의 괴로움까지 기꺼이 짊어지겠다는 다짐은 쉽지 않다. 이렇게 두 번 긍정한 이들은 불행해질 수 없다. 좋아하는 일을 할 때 따르는 어려움까지 내 삶으로 당연하게 여기는 이들은 고통이 별스럽지 않다. 가난해도 좋고, 이름을 남기지 않아도 괜찮다는 이들을 무슨 수로 괴롭히겠는가.

**나를 내려놓고
차이를 긍정하라**

그럼에도 내가 원하는 인생을 살기는 쉽지 않다. 내 판단에 좀처럼 확신이 서지 않는 탓이다. 젊은 시절 바라던 꿈이 영원히 계속되리라는 법이 어디 있던가. 든든한 직장에 안정된 수입, 안온한 가정을 꾸리는 길을 가라는 충고가 나를 힘들게 하는 이유다.

우리 현실에서 이는 결코 '소박한 희망'이 아니다. 죽어라고 노력해야 겨우 이룰 수 있는 목표다. 그래도 대책 없이 남들이 잘 안 가는 길을 걸으려는 나만의 꿈보다는 실현 가능성이 높을 듯싶다. 내 마음이 흔들리는 이유다.

세상에 절대적으로 옳은 길이란 없다. 이진경은 아상(我相)을 버리라는 불교의 가르침을 무게 있게 다룬다. 아상이란 '나'에 대한 집착을 뜻한다. 내가 옳다고 여기는 것을 받아들이는 것은 당연하다. 그러나 이래서는 발전도 없다. 성장과 변화는 내가 옳지 않다고 여기는 것에 귀를 기울일 때 열린다.

무엇인가를 배우려면 내 마음을 낮추고 겸손해야 한다〔下心〕. 스스로 부족하다고 생각해야 다른 삶의 방식들이 배워야 할 것으로 다가오지 않겠는가. 이진경은 늙음을 '입력장치는 고장 나고 출력장치만 작동되는 상태'2로 설명한다.

자기 생각이 굳어져 바뀌지 않은 사람에게는 병들고 늙는 과정밖에 남지 않았다. 이 점에서 우리 주변은 '애늙은이'들로 가득하다. 반면, 아무리 나이가 많아도 끊임없이 새로운 생각을 받아들이고 자기 삶을 변화시키는 사람은 여전히 젊다. 내 생각도, 주위의 충고도 절대적으로 옳거나 그를 리가 없다. 생각은 살면서 바뀌는 게 당연하다. 그렇다면 어찌 해야 할까?

"차이의 긍정이란, 나와 다른 어떤 것과의 만남을 긍정하는 것이다. 나와 다른 차이를, 나를 바꿀 수 있는 기회로 받아들이고 긍정하는 것이다. 이러기 위해선 지금의 '나'에 대한 믿음, 지금의 나의 동일성을 유지하려는 태도를 접어야 한다. 그러지 못하면 차이란 나를 지키기 위해서 언제나 밀쳐내고 거부해야 할 어떤 것이 된다. 나를 내려놓을 때, 옳고 그름을 분별하는 척도로서의 나를, 이상을 내려놓을 때 차이의 철학은 비로소 가능하게 될 것이다."3

인생에 정답은 없다. 거듭되는 실패는 되레 나의 오만함을 없앨 기회이기도 하다. 고집불통이 되어버린 꿈은 주변을 힘들게 한다. 나의 꿈과 주변의 기대는 언제나 소통하고 있어야 한다. 이 둘이 서로 대화하고 이해하는 가운데, 현실적으로 바람직한 길이 차츰 뚜렷해질 테다.

이진경은 말한다. "사고가 많은 인생은 그 사고의 수와 크기만큼 안타깝고 불행하지만, 사건이 많은 삶은 그 사건의 수와 크기만큼 풍요롭고 행복하다."[4] 그대는 숱한 실패는 사고인가, 사건인가? 이 물음에 대한 답은 그대 하기에 달렸다.

---

1 프리드리히 니체, 『선악의 저편』, 이진경 지음, 『삶을 위한 철학수업』, 문학동네, 2013, 45쪽에서 재인용.
2 같은 책, 249쪽.
3 같은 책, 270쪽.
4 같은 책, 27쪽.

내가 승리할
인생 게임은 무엇일까 『놀이와 인간』

한 사람의 삶 속에는 숱하게 많은 게임이 동시에 벌어진다.
그 가운데는 이기는 판도, 지는 판도 있다. 몇 차례 게임에서 졌다고 해서
인생 전체가 패배로 가라앉지는 않는다.
중요한 것은 꾸준한 노력으로 '승률'을 높이는 일이다.

노는 데도
궁합이 있다

놀이라고 해서 다 즐겁지는 않다. 노는 데도 궁합이 있다.
프랑스 사상가 로제 카이와(Roger Caillois)는 놀이를 네 가지
로 나눈다. 먼저, 경쟁을 통해 승패를 가리는 게임이 있다. 이
를 카이와는 '아곤(agōn)'이라 부른다. 권투, 축구, 골프같이
서로의 실력을 겨루는 스포츠가 여기에 들겠다.

순전히 운(運)에 의지하는 놀이도 있다. 제비뽑기, 주사위

던지기 등등이다. 여기에 카이와는 '알레아(alea)'라는 이름을 붙인다. 반면 승패가 없는 놀이도 있다. 소꿉놀이같이 사람들 각각이 역할을 맡고, 이에 걸맞은 일을 하면서 즐거움을 찾는 것들이다. 카이와는 이런 놀이들을 '흉내'라는 뜻의 낱말인 '미미크리(mimicry)'로 소개한다.

마지막으로는 '일링크스(ilinx)'가 있다. 롤러코스터를 탈 때처럼 짜릿한 기분을 맛보려 기꺼이 위험(?)을 무릅쓰는 놀이들이다. 술을 좋아하는 것도 일링크스의 일종일 듯싶다. 알코올을 통해 일상과 다른 흥분이나 분위기를 느끼고자 하기 때문이다. 일링크스는 스릴이나 아찔함을 통해 쾌감을 얻는 놀이를 일컫는다.

아곤, 알레아, 미미크리, 일링크스. 이 넷 중에서 어떤 놀이에 마음이 끌리는가? 이는 순전히 취향의 문제만은 아니다. 좋아하는 놀이 종류가 서로 다를 때, 이는 갈등으로 이어지기도 한다.

예를 들어보자. 치열한 노력으로 승부를 가리는 아곤을 좋아하는 이들은 순전히 운에 모든 것을 맡기는 알레아가 마뜩치 않다. 노력 없이 좋은 결과를 바라다니, 얼마나 무책임한 태도인가! 알레아를 즐기는 사람들 또한 아곤이 마땅치 않다. 억지로 운명을 바꾸려 하다니, 왜 야료를 부려 승리를 얻으려 하는가!

똑같은 놀이라 해도 받아들이는 방식이 사람마다 다를 때도 있다. 야구장에 모인 사람들을 살펴보라. 아곤 부류의 사람들은 인상을 쓰며 승패에 집중한다. 알레아 기질들은 내기에 몰두한다. 어느 팀이 이길지, 점수는 몇 점이 날지를 놓고 내기를 벌이는 식이다.

미미크리 유형은 어떨까? 이들은 친구들과 함께한다는 사실 자체가 즐겁다. 사람들과 함께 좋아하는 팀을 응원한다는 것도 신나는 일이다. 일링크스를 누리는 사람에게는 경기장의 달뜬 분위기, 시원한 맥주 한 잔이 넉넉한 쾌감으로 다가온다. 이처럼 사람마다 자기에게 맞는 '놀이 궁합'이 있다.

놀이가 내 일자리를 좌우한다?

카이와의 분석은 놀이에서 그치지 않는다. 진로 선택은 누구에게나 중요한 문제다. 아곤, 알레아, 미미크리, 일링크스로 자신의 기질을 따져보자. 나는 아곤 기질인데, 직장 분위기는 일링크스라면 어떨까? 성공을 향해 자기계발에 열심인 젊은이가 회식 술자리에 자주 어울려야 하는 회사에 다니는 것처럼 말이다.

미미크리 유형은 지위와 역할을 소중하게 여긴다. 이들이 마땅한 직함을 얻지 못할 때 어떤 기분을 느낄까? 홀로 일해야 하는 프리랜서로 살아야 한다면 행복할 수 있을까? 일링크스 부류는 스릴 넘치는 일을 즐긴다. 이들이 꼼꼼한 일처리와 책임감을 강조하는 미미크리 유형의 일자리를 얻었을 때는 어떨까?

이렇듯 놀이에 대한 카이와의 설명은 우리가 진로를 정해야 할 때 도움이 된다. 그는 여기서 한발 더 나아간다. 그에 따르면 세계 역시 아곤, 알레아, 미미크리, 일링크스의 틀로 설명할 수 있다. 이른바 '놀이를 출발점으로 하는 사회학'이다.

미미크리와 일링크스의 결합은 오랫동안 세상을 지배했다. 예전에는 누가 권력을 쥐었던가? 왕과 귀족, 사제 같은 '역할'을 차지한 이들이다. 능력이 뛰어나면 뭐하겠는가. 평민으로 태어나 그럴듯한 역할을 맡을 수 없다면, 제아무리 포부가 높아도 소용없었다.

나아가, 권력자들은 예식(ritual)을 통해 '감동'을 안기려 했다. 이는 자신의 권력을 확인하는 수단이었다. 장엄한 대관

식, 엄숙한 종교 예식을 떠올려보라. 사람들은 때마다 펼쳐지는 의식과 축제를 통해 뜨거운 마음으로 공동체 안에서의 자신의 위치를 받아들였다.

반면, 현대사회에서는 아곤과 알레아가 득세한다. 우리는 능력이 뛰어난 자가 공정한 경쟁을 통해 성공을 거머쥐는 것을 '상식'으로 여긴다. 누군가가 노력 없이 특권을 누리는 것은 '반칙'이다.

하지만 아무리 공정한 경쟁을 강조해도, 알레아는 우리 삶에 끊임없이 끼어든다. "출생은 복권과도 같다." 우리가 부모를 고를 수는 없지 않은가. 부유한 가정에서 태어날지, 지지리 궁상에 콩가루 같은 집안에서 인생을 시작할지는 순전히 운에 딸린 문제다.

'우월한 유전자'가 중요한 경우도 많다. 노력만으로 늘씬한 몸매에 주먹만 한 머리를 타고난 모델을 따라잡기는 어렵다. '상황 변수' 또한 무시할 수 없다. 열심히 공부했는데도 하필 소홀히 한 부분에서 시험문제가 나온 적은 없었던가? 반대로, 책상 앞에 얼마 앉아 있지 않았는데도 우연히 읽어본 부분만 시험에 나온 경우도 있을 듯싶다.

물론, 현대사회는 알레아의 영향을 줄이려고 한다. 모든 사람들이 공정한 조건에서 경쟁을 벌이게 하도록 애쓴다는 뜻이다. 바둑에서 고수들은 실력 떨어지는 상대를 위해 몇 수를 접어주기도 한다. 골프에서도 뛰어난 이들에게 핸디캡을 준다. 사회도 마찬가지다. 부자들에게는 세금을 많이 내게 하고, 어려운 이들에게는 복지 혜택이 우선적으로 돌아가도록 힘을 쓴다.

**왜 우리는 놀이의
환상에 빠질까?**

하지만 인생을 완벽하게 공정한 게임으로 만들기란 불가능에 가깝다. 카이와는 현실을 있는 그대로 본다. "가난한 자가 특권계층을 따라잡기까지는 여러 세대가 걸리기도 한다." 세상에는 노력만으로 어쩌지 못하는 '넘사벽'이 있기 마련이다. 이럴 때 우리는 어떻게 막막한 현실을 견뎌낼까?

알레아는 아곤의 헛헛한 부분을 채워주는 역할도 한다. 로또 복권은 평범한 시민들에게 일확천금의 환상을 안긴다. 행운은 노력보다 힘이 세다. 엄청난 행운이 수 세대가 걸릴 노력을 단박에 만회한다고 생각해보라. 가능성은 아주 적어도, 이런 상상은 신산스러운 현실을 이겨내는 데 힘이 된다.

사람들은 '대리만족'에서 위안을 찾기도 한다. 어려움을 딛고 정상에 오른 스포츠 스타나 연예인들은 대중의 엄청난 사랑을 받는다. 팬들은 스타의 인생을 마치 자기 삶인 듯 받아들인다. 카이와는 대리만족을 '미미크리의 타락한 형태'라고 부른다. 아무려면 어떤가? 드라마 주인공이건, 스포츠 영웅이건 힘든 세상을 버텨낼 위안을 준다는 점에서는 고맙고 또 고마운 존재일 뿐이다.

인생은 단 한 판의 게임이 아니다

그러나 이런 삶이 과연 건강할까? 어떤 사람들은 힘든 현실을 이겨내지 못해 일링크스로 도망가버린다. 술이나 대책 없는 향락으로 하루하루를 버티는 것처럼 말이다.

치열한 생존 경쟁이 펼쳐지는 세상, 거친 현실을 이겨낼 보다 건강한 방법은 없을까? 카이와는 놀이를 통해 세상을 설명하고자 했다. 세상살이를 '놀이'로 여겨보면 어떨까? 직장 생활을 게임의 한 장면이라고 생각해보라. 게임에서 내가 노예의 역할을 맡았다 해서 내가 진짜 노예가 된 것은 아니다. 게임이 끝나고 나면 나는 다시 일상으로 돌아온다.

직장도 다르지 않다. 직장에서 설설 기어야 하는 처지라 해도 내 삶 전체가 그래야 하는 것은 아니다. 게임은 정해진 시간과 장소 속에서만 이루어진다. 게임이 끝나면, 다시 생활로 돌아가야 한다. 그럼에도 게임의 틀에서 영영 못 벗어나는 사람들이 있다. 게임에서 왕 노릇을 한다고 해서 현실에서도 제왕처럼 군다면 어떨까? 정신병자라는 소리를 듣기 십상일 테다.

삶은 여러 개의 놀이로 이루어져 있다. 입시라는 게임, 직장이라는 게임, 가족이라는 게임, 동창모임이라는 게임 등등. 각각에서 통하는 규칙과 내가 해야 할 역할은 모두 다르다. 권력자의 후손이라 해도 병역 의무를 치를 때는 신출내기 막내 처지가 될 수도 있다. 이때, 권력의 세습자라는 위치가 통하는 게임을 떠올리며 군대에서의 자기 처지를 한탄한다고 해보라. 제대로 생활할 수 있을까?

돈과 명예, 권력이 인생의 모든 게임에서 통하지는 않는다. 그럼에도 세상은 돈과 명예, 권력이라는 규칙이 모든 것을 지배한다는 착각을 하곤 한다. 입시라는 게임에서 실패할 수 있다. 취직이라는 게임에서 영영 승리하지 못할 수도 있다. 결혼이라는 게임에서의 승리가 아득할 수도 있다.

그러나 아무리 많은 실패를 한다 해도, 우리 앞에는 여전히 더 많은 게임이 기다리고 있다. 가족이라는 게임에서 나는 여전히 '보석 같은 자녀'로서 역할을 하며, 친구 모임이라는 게임에서는 '친구의 아픔을 잘 보듬은 천사 같은 친구'의 역을 맡고 있다. 마음 맞는 사람들과 취미활동을 하며 즐거운 일링크스에 빠지기도 하고, 때때로 예상치 못한 행운이 나를 찾아오기도 한다.

그렇다면 성공한 삶이란 무엇일까? 인생이란 단 한 판의 게임이 아니다. 한 사람의 삶 속에는 숱하게 많은 게임이 동시에 벌어진다. 그 가운데는 이기는 판도, 지는 판도 있다. 몇 차례 게임에서 졌다고 해서 인생 전체가 패배로 가라앉지는 않는다. 중요한 것은 꾸준한 노력으로 '승률'을 높이는 일이다.

입시에 실패했는가? 원하는 직장을 구하지 못했는가? 사랑하는 사람의 마음을 얻지 못했는가? 입시와 취직, 연애라는 게임에서 패배했기 때문에 내가 불행한 것은 아니다. 이런 게임들을 '내 인생의 가장 중요한 게임'으로 받아들이기에 괴로울 뿐이다.

모든 일은 결국 흘러가게 되어 있으며, 죽지 않는 한 새로운 게임은 늘 새롭게 시작될 것이다. 남들이 좋아하고 잘하라고 하는 게임보다 내가 좋아하고 잘할 수 있는 게임을 선택하는 것이 중요하다. 아곤, 알레아, 미미크리, 일링크스 네 가지 가운데 그대가 승리할 길은 어디에 있을까?

현실 때문에
꿈을 접어야 한다면 『철학하는 인간』

삶은 꾸준한 도전과 성취의 연속이다.
목표를 이루었어도 인생은 계속된다.
반면, 뜻한 바를 이루지 못했어도 인생은 계속된다.

꿈이 내게 무슨
소용 있을까?

세상 살기 참 어렵다. 입시 경쟁은 무척 치열하다. 대학의 문은 갈수록 좁아진다. 진학만 하면 고생이 끝날까? 안타깝게도 그렇지 않다. 취업은 더 어렵다. 괜찮은 일자리를 얻기는 바늘구멍 들어가기보다 힘들다.

이런 처지에서 미래의 꿈을 말한다는 게 과연 의미 있을까? 의사가, 법조인이 되고 싶다고 해서 될 수 있는 게 아니지 않은가? 말단 공무원 되기도 하늘의 별 따기만큼 어려운 현실이다. 돈 못 버는 일을 하겠다고 주장하기는 더 어렵다. 소질과 적성이 그쪽이면 뭐하겠는가. 소설가가 되겠다, 철학을 공부하고 싶다, 역사학자가 되겠다는 아이 말에 가라앉는 표정을 애써 감추는 부모도 적지 않을 테다. 가수나 배우, 백댄서나 로드 매니저가 되겠다며 결의를 다지는 아이들의 부모 역시 그 심정이 별반 다르지 않을 듯싶다.

진로 선택은 현실 문제다. 진로를 정할 때는 나의 처지와 능력을 꼼꼼히 따져야 한다. 그러나 생활을 위해 꿈을 접어야 한다면 얼마나 답답하겠는가. 한 번뿐인 인생, 가시밭길이라도 내가 가고픈 대로 걷고 싶은 마음이 굴뚝같다. 후회 없는 결단을 내리려면 어찌해야 할까?

**나는 갈망한다,
나를 절망케 하는 것을**

진로 선택에서 가장 중요한 것은 '고통'이다. 철학자 김광수는 다음과 같은 예화를 들려준다.

"동물원에 갇혀 있는 수사자를 본 적이 있는가? 제때에 먹이가 나오고, 암사자가 바로 옆에 있으며, 사냥꾼을 염려할 필요도 없으니, 녀석은 다 가졌다. 그렇지 않은가? 그런데 녀석은 왜 저렇게 지루해 보이는가?"[1]

무엇을 이루어내는 힘은 어디서 나올까? 등 따시고 배부른 것이 인생의 전부는 아니다. 김광수는 이렇게 말한다. "고통이라는 도전이 없는 인간의 삶은 특별히 자부심을 느낄 만한 것이 못 된다." 아쉬움이 없는 사람은 굳이 노력하지 않는다. 나를 비참하게 하고 절망감을 안기며 꼭 이루고 싶다는 절절한 바람을 갖게 하는 것, 바로 그것이 내가 모든 고통을 이겨내며 내 삶을 끌고 가게 하는 힘이다.

따라서 김광수는 "고통을 대접하라."고 힘주어 말한다. 나는 어떤 점에서 아픔을 느끼는가? 그것을 이루지 못하면 내 목숨이라도 던져버리고픈 것이 있는가? 애끓는 소망, 그로 인한 아픔이 없을 때 진로 설계는 희미해진다. 무엇보다 먼저 나에게 절실한 것이 무엇인지부터 따져볼 일이다.

그러나 갈망만 크다 해서 꼭 성공에 이르지는 못한다. 가슴앓이에도 수준이 있다. 이기적인 사람들은 자기만 편안하고 행복하면 그만이라는 식으로 산다. 고통의 수준이 자기 한 몸을 넘어서지 못하는 셈이다. 물론, 대부분의 사람들은 가족의 고통까지 보듬는다. 가족 가운데 누가 신산스러운 처지에 놓일 때, 우리 대부분은 어떤 희생이라도 감당하려 든다.

나아가, 그릇이 좀 더 큰 사람은 친척과 지역사회의 고통도 자신의 아픔인 듯 받아들인다. 정말 큰 영혼을 가진 이들은 어떨까? 전혀 모르는 사람들, 인류 전체, 나아가 삼라만상의 아픔까지도 자기 것처럼 느낀다. 그리고 세상의 어려움을 없애기 위해 치열하게 노력한다.

그대의 고통은 어느 수준에 있는가? 그대가 의사가 되고 법조인이 되려는 이유는 무엇인가? 돈 많이 벌고 인정받는 직업이어서 하고 싶을 뿐인가, 아니면 세상의 고통받고 억울한 이들의 아픔을 덜어주기 위해서인가? 이 둘 가운데 누가 제대로 된 의사나 법조인이 될지는 분명해 보인다.

배우나 가수가 되고 싶어하는 이들도 다르지 않다. 왜 연예인이 되고 싶은지 되물어보라. 단지 재밌어 보이고 사람들의 관심과 사랑을 받기 때문인가? 아니면 문화의 수준을 한 단계 끌어올리고픈 간절함 때문인가?

돈과 권력만을 바라는 사람이 큰 그릇의 인격이 필요로 하는 지도자나 정치가가 되면, 이는 사회 전체에 재앙일 뿐이다. 자신의 진로를 고민한다면 먼저 스스로에게 물어보아야 한다. 나는 무엇 때문에 삶이 고통스러운가? 고통을 이겨내기 위한 나의 노력은 나 자신만을 위해서인가, 그 이상의 다른 대상을 위해서인가? 두 질문에 대답이 분명할수록 내게 맞는 진로도 뚜렷해진다.

내 안에는 위대한 문제의식이 있는가

진로를 정했다 해도 뜻한 바를 이루기란 무척 어려울 것이다. 단군 신화에서 곰은 무려 100일 동안 마늘과 쑥만 먹으며 버텨야 했다. 인간이 되기란 그만큼 어려운 일이다. 꿈을 이루는 것도 다르지 않다. 선망하는 자리일수록 경쟁이 치열하다. 게다가 오랜 기간의 수련과 훈련이 필요한 경우도 많다. 오랫동안 자신을 다지며 꾸준히 노력하도록 이끌려면 어찌해야 할까?

김광수는 이렇게 충고한다. "제발 나의 소원이 이루어지기를!" 하고 비는 대신, "제발 나의 문제가 좋은 문제이기를!" 하고 바라라. 위대한 사람은 '위대한 문제의식을 가진 사람'이다. 김광수는 교황 요한 바오로 2세를 예로 든다. 그는 한

때 유명한 연극배우였다. 하지만 아우슈비츠의 비극과 공산 독재를 경험하면서 '위대한 문제의식'을 갖게 된다. 모든 종류의 독재에 반대하고 인간의 존엄성을 지키기 위해 노력하리라는 굳은 결심은 그를 사제의 길로 들어서게 했다.

그렇다면 그대가 가진 문제의식은 무엇인가? 그대가 볼 때, 우리 사는 세상의 가장 큰 문제는 무엇이며 그대는 무엇을 바꾸고 싶은가? 인간의 삶은 자신만을 위할 때보다 자기보다 큰 무엇을 이루려 할 때 한층 더 뜨겁게 타오른다. 자신이 배곯지 않으려 일할 때와 가족을 굶기지 않으려고 노력할 때, 어느 쪽이 더 치열함을 불러일으키는가? 내 입에 풀칠하기 위해 직장에 매달릴 때와 국가와 민족을 위한 싸움에서 목숨을 걸 때, 어느 쪽이 더 사명감 있게 다가오는가? 제대로 선택한 진로는 내 안의 '위대한 문제의식'이 시들지 않게 한다. 20년이 가도, 30년이 흘러도 변치 않을 그대의 '위대한 문제의식'은 무엇인가?

그래도 내 선택이
불안하다면

마지막으로, '불안함'을 다루어야 할 차례다. 큰 그릇의 인격을 갖고 있어도, 위대한 문제의식을 갖고 있어도 진로 선택을 할 때의 마음은 불안하기만 하다. 성공은 어렵지만 실패는 늘 가까이 있다. 인생을 걸고 오랫동안 도전한 일이 어그러지면 어쩔 것인가? 내 인생은 가치 없어지지 않을까? 여기에 대해 김광수는 '존재 각성'을 하라고 외친다.

우리의 인생은 이미 그 자체로 기적이다. 나와 같은 DNA가 우연히 만들어질 확률은 "십억 마리 원숭이들이 십억 대의 타자기로 우연히 'Shakespeare'라는 단어를 정확히 칠 수 있는" 확률에 가깝다. 내가 살아 있다는 사실은 '우주의 신비'다. 게다가 나의 인생은 한 번뿐이다. 그래서 더 소중하다.

이런 사실을 정확히 깨닫는 것이 '존재 각성'이다. 나는 이미 나 자체로 소중하고 가치 있다. 이를 깨닫고 있다면, 그래서 소중한 삶을 오롯이 이끌려고 노력한다면 나는 이미 성공적인 삶을 살고 있는 셈이다. 반면, 기적같이 주어진 삶을 함부로 낭비하고 있다면 '한 트럭의 진주로 도로 포장을 하는 꼴'이다. 그러니 실패를 두려워하지 말고 스스로를 존중하는 마음으로 살면 된다.

인생은 3만 장의 백지수표

"우리가 평균 80세를 산다고 할 때, 하루를 수표 한 장으로 생각하면 3만 장 정도의 수표를 선물로 받은 셈이다. 우리는 이 수표를 하루에 한 장씩 쓰게 되어 있다. 그런데 이 수표는 신기하다. 쓰지 않으면 그날로 무효가 되기 때문이다.

이 수표는 다른 면에서 또한 신기하다. 백지수표이기 때문이다. 수표의 액면가는 내가 하루를 어떻게 보내는가에 따라 결정되게 되어 있다. 그래서 어떤 사람은 그 수표를 단돈 만 원짜리로도 쓰지 못하고, 어떤 사람은 몇 억짜리로 쓰기도 한다. 자, 그럼 우리들에게 공짜 선물로 주어진 '삶'이라는 백지수표를 어떻게 사용해야 할까?"[2]

진로 선택은 인생의 중요한 문제다. 그러나 직업이 곧 내 인생 전부는 아니다. 일에서 성공하고 정상에 섰을 때 되레 헛헛함을 느끼는 이들도 적지 않다. 최고의 위치에 올라 부와 명예를 누리면서도 왜 인생이 공허하다고 느낄까?

삶은 꾸준한 도전과 성취의 연속이다. 목표를 이루었어도 인생은 계속된다. 반면, 뜻한 바를 이루지 못했어도 인생은 계속된다. 과정이 결과보다 중요한 까닭은 여기에 있다. 그대의 꿈보다 중요한 것은 꾸준하고 성실한 노력으로 현실을 채워가는 것이다.

어쩌지 못할 처지 탓에 꿈을 저버렸는가? 그래도 그대 인생은 끝나지 않았다. 모든 순간을 알차고 후회 없이 노력했다면, 그대의 인생은 성공적이다.

---

1 김광수 지음, 『철학하는 인간』, 연암서가, 2013, 275쪽.
2 같은 책, 61쪽.

열심히 하는데도
성과가 안 난다면 「기업가 정신」

신중하게 계획하고, 철저하게 설계하고,
그리고 사려 깊게 실천했는데도 실패했다면,
그 실패는 때로는 근본적인 변화를 나타내는 것이다.

왜 노력해도
소용이 없을까?

"아침에 일찍 일어나는 새가 벌레를 잡는다(The early birds catch the worms)."

부지런한 사람이 성공한다는 뜻의 속담이다. 그러나 꼭 속담이 맞는 것 같지는 않다. 아무리 애를 써도 세상을 따라가지 못할 때도 있지 않던가. 쉬지 않고 일을 해도, 주변 사람들은 마뜩찮은 눈으로 나를 바라볼 뿐이다. 그럴수록 인간관계도 자꾸만 삐딱선을 탄다. 아무리 노력해도 세상이 원하는 바를 채워주지 못할 듯한 절망감이 밀려들곤 한다. 치열한 노력은 되레 배신감만 안길 뿐이다. 열심히 사는데도 왜 세상은 나를 알아주지 않을까? 답답하기만 하다.

이렇듯 벽에 부딪힌 느낌이 든다면 경영 사상가 피터 드러커(Peter Ferdinand Drucker)의 충고를 들을 일이다. 그는 이렇게 말한다.

"신중하게 계획하고, 철저하게 설계하고, 그리고 사려 깊게 실천했는데도 실패했다면, 그 실패는 때로는 근본적인 변화를 나타내는 것이다. 그것은 기회가 될 수도 있다."[1]

직접 나가서 둘러보고 들어보라

사람들은 오랫동안 지속되는 일이 '정상적'이라고 믿기 쉽다. 그래서 변화가 생기면 무언가 잘못되었다고 짐작하곤 한다. 피터 드러커는 다양한 사례를 들려준다. 트랜지스터가 처음 나왔을 때, 진공관을 다루던 기술자들은 코웃음을 쳤다. 좋은 진공관 라디오를 만드는 데는 장인 정신이 필요하다. 수작업으로 꼼꼼하게 이루어지는 작업에는 숱한 세월을 통해 익힌 노하우가 오롯이 담겨 있다. 이런 섬세함은 싸구려 기술 따위로 대신할 수 있는 게 아니다.

트랜지스터 라디오는 진공관 라디오 무게의 5분의 1, 가격은 3분의 1밖에 안 되었다. 트랜지스터는 나온 지 얼마 안 되어 진공관을 밀어내버렸다. 변화를 읽지 못하는 이들은 세상을 원망하곤 한다. 장인들은 소비자를 탓했다. 자신들의 정성과 노력을 왜 세상은 몰라준단 말인가? 좋은 물건을 보는 안목이 없는, 훌륭한 기술에 제값을 치르려 하지 않는 세상이 한심하기만 했다.

그러나 모든 것은 변하고 바뀐다. 드러커는 미국 동부의 어느 대학 이야기도 들려준다. 제2차 세계대전이 끝난 후, 이 대학에는 직장을 다니는 학생들이 엄청나게 늘어났다. 대학으로서는 이들이 달갑지 않았다. 대학은 '학문의 전당' 아니던가. 학문 탐구에만 전념할 수 없는 직장인 학생들 탓에 학교의 질이 떨어질 것이다. 그래서 대학은 사회인 대상 과정들을 줄여나갔다.

결과는 어땠을까? 평생교육으로의 변화는 교육의 도도한

흐름이었다. 교수들이 갖고 있던 학문에 대한 완고한 집념은 시대 변화를 따라가지 못했다. 결국 이 대학은 몰락할 수밖에 없었단다.

피터 드러커는 '직접 (세상에) 나가서 둘러보고 들어보라'고 힘주어 말한다. 변화는 자연스럽고 정상적인 과정이다. 직접 세상을 접하며 흐름을 읽어낼 때 위기는 기회가 된다.

변화는 미풍이 살랑거리는 소리처럼 온다

피터 드러커는 우리 스스로 지적 오만에 빠지지 않았는지도 끊임없이 반성하라고 조언한다. 옛 소련 정치가 흐루시초프(Nikita Khrushchyov)가 1956년 미국을 방문했을 때 일이다. 흐루시초프는 소련인들은 결코 자동차를 갖고 싶어하지 않을 것이라고 잘라 말했다. 값싸고 편리한 택시가 있는데 뭐하러 자동차를 사겠느냐는 논리였다.

지도자의 이런 생각은 소련에 엄청난 자동차 부족 사태를 불러왔다. 거대한 자동차 암시장이 생겨나기도 했다. 그는 자동차가 단순한 '탈 것'이 아니라는 점을 놓쳤다. 차는 자유, 이동성, 낭만을 뜻하는 '문화 코드'였던 것이다.

많은 지도자가 세상 사람들은 어리석어서 스스로가 뭘 원하는지도 모른다고, 그래서 자신만이 그들이 '진정' 바라는 것을 찾아서 줄 수 있다고 착각하곤 한다. 하지만 그들이 무엇을 원하는지 아는 사람은 내가 아니라 그들 자신이다. 내가 바라는 대로 세상을 보지 말고 있는 그대로 현실을 볼 수 있어야 한다. 의욕보다 중요한 것은 세상을 정확하게 읽어내는 능력이다.

드러커의 말에 고개를 끄덕인다 해도 이를 현실에 적용하기란 쉽지 않다. 나에게는 세상의 흐름을 짚어낼 만한 안목이 없다. 그 속에서 핵심을 추려내어 변화를 이끌 만한 반짝이는 아이디어도 잘 떠오르지 않는다. 뒤떨어지는 머리와 둔중한 감각으로 어찌 뒤처지지 않게 살아갈 수 있단 말인가.

혁신은 순간적인 영감(靈感)이나 행운으로 이루어지지 않는다. 물론, 참신한 생각(bright idea)도 중요하다. 그러나 여기에만 기대는 것은 잭팟을 노리며 슬롯머신에 머무는 도박꾼의 마음과 다르지 않다. 혁신은 고되고 지속적인 노동에 가깝다. 끊임없이 사람들과 직접 부딪치며 그들의 욕구를 읽고, 자신이 믿던 바와 현실과의 차이를 좁혀가는 일이다.

세상 또한 나 자신만큼이나 완고하다는 사실도 놓쳐서는

안 된다. 기차가 처음 발명되었을 때, 어느 프러시아의 왕이 이렇게 말했단다. "한 시간 만에 베를린에서 포츠담까지 가겠다고 그 많은 돈을 낼 사람이 있겠어? 말을 타고 가면 한나절밖에 안 걸리는데."

복사기가 처음 나왔을 때도 다르지 않았다. 대부분의 사람은 인쇄업자들이나 복사기에 관심을 둘 거라 여겼다. 하지만 얼마 안 되어 복사기는 사무실마다 있어야 하는 필수품이 되었다.

사람들은 지금 있는 것 위주로 미래를 바라본다. 하지만 아직 세상에 없는 것들이 열어갈 앞날은 예상과 많이 다르다. 오랫동안 관찰하고 궁리하지 않으면 세상의 흐름을 읽어내기 어렵다. "혁신의 기회는 폭풍처럼 오는 것이 아니라, 미풍이 살랑거리는 소리처럼 온다." 이를 읽어내는 혜안은 노력 없이 생기지 않는다.

새것으로 자신을
채우는 생명체처럼

드러커는 변화를 건강한 것으로, 정상적인 것으로 받아들이라고 충고한다. 모든 생명체는 오래된 것을 버리고 새것으로 자신의 몸을 채운다. 생존이란 계속해서 변화를 받아들이는 과정이다.

"시체가 썩지 않도록 보존하는 것보다 더 영웅적인 노력을 필요로 하는 것도 없지만, 그보다 더 무익한 일도 없다."[2]

바뀌는 세상이 원망스럽고 잘못된 것으로 다가온다면, 스스로에게 되물어보아야 한다. "나는 지금 시체가 썩지 않게 하려고 노력하고 있는 것은 아닐까?" 가치를 지키는 일과 변하지 않으려는 고집은 다르다.

"나는 무엇을 하고 싶은가?", "나는 어디에 어울릴까?"라는 물음도 중요하다. 하지만 이보다 먼저 "세상은 무엇을 필요로 하는가?"부터 물어야 한다. 방향을 잘못 잡으면 아무리 열심히 걸어도 소용이 없다. 드러커는 성공한 혁신가는 기회에 초점을 둔다고 말한다. 기회를 잡으려면 세상을 열심히 읽어야 한다.

1 피터 드러커 지음, 이재규 옮김, 『기업가 정신』, 한국경제신문, 2004, 68쪽. 인용 문장은 본문 문투에 맞게 지은이가 윤문한 것임.
2 같은 책, 213쪽.

나는 왜 이루지 못할
사랑에 끌릴까 『철학의 위안』

아픔과 발전은 쌍둥이 자매와 같다.
뼈에 사무치는 가난은 누군가를 원한에 찬 살인자로 만든다.
반면, 어떤 이에게는 경제학자의 길로 이끄는 동기가 되기도 한다.
그대의 아픈 사랑은 어느 쪽인가?

금지된 사랑 탓에
괴롭다면

　이루어질 수 없는 사랑은 절절하다. 주변의 반대에도 끌리는 마음을 어쩌지 못한다. "사랑은 성직자의 서류 가방에도 애정의 쪽지나 반지를 은근슬쩍 밀어 넣는 방법을 안다." 철학자 쇼펜하우어의 말이다. 이러면 안 된다고, 내가 이럴 때가 아니라고 고개를 흔들어봤자 소용없다. 마음만 지옥이 될 뿐이다. 나락으로 떨어질 게 뻔한 상황, 어찌하면 좋단 말인가?

프랑스 대중 철학자 알랭 드 보통(Alain de Botton)은 사랑의 괴로움을 앓는 이에게 충고를 던진다. 그는 먼저 쇼펜하우어의 이야기를 들려준다. 그대는 자신의 사랑에 죄의식을 가질 필요가 없다. 사랑에 빠진 것은 그대 탓이 아니기 때문이다.

어쩌다 그에게 빠져들었을까

쇼펜하우어에 따르면, 세상을 움직이는 것은 '삶에 대한 의지(Wille zum Leben/Will-to-Life)'다. '삶에 대한 의지'란 '살아남아 후세를 남기려는 욕구'로 옮길 수 있을 듯싶다. 번식 욕구는 그 무엇보다도 강하다. 자연이 우리 본능에 심어놓은 탓이다.

내 마음속에 타오르는 사랑은 무엇일까? 사랑의 감정은 '삶에 대한 의지'가 우리에게 부리는 속임수에 지나지 않는다. 자식을 낳고 기르는 일은 무척 힘들고 버겁다. 때문에 자연은 번식하는 일에 강렬한 사랑의 감정과 쾌락을 입혀놓았다. 고생이 눈에 보이는 사랑임에도, 눈에 콩깍지가 씌운 듯 정신 못 차리게 되는 이유는 여기에 있다.

때때로 사람들은 친구로도 결코 지내지 못할 상대와 결혼에 이르기도 한다. 나와 정반대의 취향과 성격을 가진 이들은 매력적으로 느껴지곤 한다. 나무랄 데 없는 여자가 '나쁜 남자'에게 빠져 헤어나지 못하는 경우도 드물지 않다. 왜 그 럴까? 쇼펜하우어는 이를 '끌림의 이론(theory of attraction)'으로 설명한다.

키 큰 남자가 키 큰 여자와만 짝을 지으려 한다면 인류는 거인족이 되어버릴 테다. 성질 사나운 이들이 똑같은 성격의 상대에게만 끌리면 어찌 될까? 그 반대도 마찬가지다. 균형 잡힌 후손을 얻으려면 자신과 반대되는 특성을 가진 상대와 짝을 지어야 한다. 그래서 '삶에 대한 의지'는 우리와 반대의 특성을 지닌 상대에게 마음이 끌리도록 우리를 이끈다.

이쯤 되면 이루지 못할 사랑의 괴로움을 이해하기는 어렵지 않다. 2세를 낳아 기르는 일은 자연이 우리에게 준 가장 큰 의무다. 인생의 가장 큰 과업을 이루지 못할 때 충격을 받지 않는다면 그게 더 이상하지 않은가?

환상의 끝은 아름답지 않다

쇼펜하우어의 주장을 곱씹어보면 은근히 위안이 된다. 금지된 사랑은 나의 선택이 아니었다. 어찌 보면 나는 '희생자'다. 나는 '삶에 대한 의지'가 이끄는 대로 끌려갔을 뿐이다. 따라서 죄의식을 느낄 필요는 없다. 하지만 쇼펜하우어의 말이 맞다고 해도, 내 마음은 여전히 괴롭다. 아니, 사랑에 빠져들수록 괴로움은 더욱 커져만 갈 테다. 영어에서는 사랑에 빠지는 순간을 'to fancy each other'라고 한다. 서로에 대해 환상을 품을 때 사랑이 시작된다는 뜻이다. 하지만 환상의 끝은 결코 아름답지 않다. 알랭 드 보통은 쇼펜하우어의 말을 그대로 들려준다.

"종(種)의 의지가 개인의 의지보다 훨씬 더 강하기 때문에 그 연인은 자신의 특질과 상반되는 모든 특질들에 눈을 감아버리고 모든 것을 간과하고 모든 것을 그릇되게 판단하고 자신의 열정의 대상이 된 인물과 자신을 영원히 묶어버린다.…… 그 환상은 종의 의지가 다 충족되고 나면 금방 사라지고 이젠 평생을 혐오하면서 살아야 할 파트너만 남게 된다.…… 사랑에 빠진 남자는 자기 신부에게서 자신에게 비참한 삶을 약속하는, 도저히 참을 수 없는 성격적인 혹은 기질적인 결함을 확실히 파악하고 쓰라림을 느낄지 모르지만, 그 문제 때문에 놀라 달아나지는 않는데 …… 그 이유는 그 남자가 종국적으로 추구하는 것이 그 자신의 이익이 아니라 아직 이 세상에 존재하지 않는 제3자의 이익이기 때문이다. 비록 그 남자 본인은 자신이 추구하는 것이 마치 자신의 이익인 것 같은 환상에 빠져 있다고 하더라도 말이다."[1]

불타는 사랑은 허망한 증오만 남기기 쉽다. 그렇다면 어찌해야 할까? 미련 없이 상대를 버려야 할까? 누가 나를 행복하게 할지 냉정하게 계산하여 사랑을 해야 할까? 이 물음에 알랭 드 보통은 조용히 고개를 흔든다. 그는 철학자 니체의 이야기를 들려준다.

그대의 아픈 사랑은
어느 쪽인가

니체는 이렇게 말한다. "나는 모든 사람들이 고통, 절망, 질병, 경멸을 겪게 되기를 바란다." 니체에 의하면, 고통은 없애버려야 할 '감정의 잡초'가 아니다. 오히려 성장과 발전을 낳는 씨앗이다. 아픔이 없는 인생은 무난할지 모른다. 하지만 위대해지기는 어렵다. 꼭 이루어야겠다는 절실함이 없는 탓이다. 반면, 영혼을 뒤흔드는 고통은 성장과 위대함을 낳는다.

인생의 고통을 무작정 피하려는 사람은 '아픈 치아는 무조건 뽑아버리는 치과 의사'와 같다. 인간에게 가장 큰 기쁨이 되는 것들은 한편 가장 큰 고통을 주는 것들이기도 하다. 불행이 크고 버거울 때, 이를 극복하면서 얻는 행복은 더욱 강렬하다.

사랑도 마찬가지이지 않을까? 위대한 사람들은 끊임없이 사랑에 빠졌다. 괴테는 일흔의 나이에 열아홉 살 소녀에게 사랑을 느꼈고, 스탕달의 생애는 여성 편력으로 가득하다. 위인들이 펼쳤던 불행한 사랑의 사례는 끝도 없을 정도다. 그들의 사랑은 잘못되었으며, 해서는 안 되었던 것이라고 손가락질할 수 있을까? 알랭 드 보통은 니체의 말을 그대로 들려준다.

"가장 훌륭하고 가장 알찬 결실을 남긴 사람들의 삶을 찬찬히 뜯어보면서, 그대 자신에게 악천후와 폭풍을 견디지 못하는 나무들이 장래의 거목으로 훌쩍 자랄 수 있을지 한번 물어보라."[2]

그대의 사랑이 넘어서지 못할 장애물이 된 까닭은 무엇인가? 무엇을 이겨내면 그대의 사랑을 이룰 수 있는가? 사랑하는 이를 행복하게 하려면 그대는 어떤 사람이 되어야 할까? 불행이 빤히 보이는 결말이 발전과 성장으로 마무리되려면 나는 무엇을 해야 할까?

알랭 드 보통은 아픔과 발전은 쌍둥이 자매와 같다고 말한다. 뼈에 사무치는 가난은 누군가를 원한에 찬 살인자로 만든다. 반면, 어떤 이에게는 경제학자의 길로 이끄는 동기가 되기도 한다. 그대의 아픈 사랑은 어느 쪽인가? 절절한 애정이 그대를 긍정과 발전으로 이끌고 있는가, 원한과 분노로 끌어내리고 있는가? 사랑의 가치는 주변 사람의 평가에 달려 있지 않다. 그대의 사랑이 아름답고 의미 있는지는 오롯이 그대에게 달렸다.

---

1 쇼펜하우어, 『의지와 표상으로서의 세계』, 알랭 드 보통 지음, 정명진 옮김, 『철학의 위안』, 청미래, 2012, 259~260쪽에서 발췌인용.
2 같은 책, 289쪽.

4부

밀려날까
두려워지기
전에

내 인생이 소모되는 듯한
느낌이 든다면 『고독을 잃어버린 시간』

위대한 생각은 골똘한 사색 속에서 꽃핀다. 나아가,
우리는 고독 속에서 진지하게 자기 자신을 바라본다.
나 자신과 오롯이 마주하게 될 때에야
우리는 비로소 자기 인생을 제대로 성찰하게 된다는 뜻이다.

삶이 방전된다는
느낌

하루 종일 바쁘게 뛰어다닌다. 허겁지겁 일을 하다 보면 어느새 퇴근 시간이다. 집에 와서는 손끝 하나 까닥하기 힘들다. 그래도 '자기계발'을 안할 수는 없는 노릇이다. 무한 경쟁 시대, 막연히 늘어져 있다간 내 미래가 일그러질 테니까. 공부건 운동이건 뭐라도 해야 한다. 하지만 늘 생각뿐, 몸이 말을 듣지 않는다. 지금까지 등록했던 학원에 처박은 돈만 해도 얼마던가. 가입했던 취미, 운동모임도 하나둘이 아니다. 늘 의지는 하늘을 찌르지만 실천력은 바닥을 기곤 했다.

나는 늘 달라지겠다고 결심한다. 그러나 사람이 바뀌기가 어디 쉽던가. 여유가 생겨도 여전히 하릴없이 시간을 보낸다. 스마트폰을 멍하니 들여다보거나 텔레비전 앞에 목적 없이 앉아 있는 식이다.

이렇게 일상을 엮어가다 보면 스스로가 한심해 보인다. 쳇바퀴처럼 돌고 도는 일상, 나는 하루하루 나 자신을 소모해가는 듯싶다. 머리는 텅 비어가고 에너지는 점점 방전되는 느낌이다. 이런 나에게 미래가 있을까? 이런 헛헛함에서 탈출할 방법은 없을까?

성장은 고독 속에서 이루어진다

사회학자 지그문트 바우만(Zygmunt Bauman)은 '고독을 이기는 능력'을 잃었다는 것이 현대인들의 가장 큰 문제라고 진단한다. 누구에게나 홀로 있는 시간은 중요하다. 집중력은 혼자 있을 때 높아지는 법이다. 위대한 생각은 골똘한 사색 속에서 꽃핀다. 나아가, 우리는 고독 속에서 진지하게 자기 자신을 바라본다. 나 자신과 오롯이 마주하게 될 때에야 우리는 비로소 자기 인생을 제대로 성찰하게 된다는 뜻이다.

하지만 현대사회에서 고독을 누리기란 무척 힘든 일이다. 우리 주위는 관심을 잡아끄는 온갖 것들로 넘쳐난다. 텔레비전, 스마트폰, 컴퓨터, 각종 게임기는 우리를 좀처럼 혼자 내버려두지 않는다. 집에 들어오자마자 습관적으로 화면을 켜는 이들이 얼마나 많은가.

일에 치여 바쁘게 뛰어다닐 때, 우리는 '차분히 생각할 여유', '자신을 추스를 시간'을 간절히 바라곤 한다. 그럼에도 마침내 혼자 있게 되었을 때도 우리는 좀처럼 자신을 가다듬지 못한다. 무의식적으로 컴퓨터 앞에 앉거나 스마트폰을 꺼낸다. 소중한 고독을 쉽게 날려버리는 셈이다.

이런 모습은 알코올 중독자와 다를 바 없다. 중독자는 자기 자신을 맨정신으로 받아들이기 어려워한다. 그래서 취해 있기를 바란다. 자신을 가꿀 수 있는 시간이 났을 때, 이들은 되레 자신의 영혼을 사로잡을 약물을 애타게 찾는다.

습관적으로 스마트폰을 들고 컴퓨터를 켜는 우리 모습은 그들과 얼마나 다를까? 바우만은 "근육이나 상상력을 이용하여" 스스로 고독에서 빠져나와야 한다고 충고한다. 성장은 고독을 즐기고 이겨내는 과정에서 이루어진다.

접속만으로는 가질 수 없는 것들

　고독할 능력을 잃어버린 이들은 인간관계도 어그러뜨린다. 인터넷 시대는 인간 '관계'를 '접속'으로 바꾸어버렸다. 애정을 가꾸는 데는 적잖은 품과 시간이 든다. 접속은 그렇지 않다. 인터넷 공간에는 숱한 모임이 있다. '친구 맺기'는 언제든 가능하다. 원하는 때, 가까워지고 싶은 만큼만 서로 접속해서 즐기면 된다. 관계가 버겁고 불편하면 언제라도 접속을 '끊고', 모임에서 '탈퇴'해버리면 그만이다.

　그러나 이렇게 해서는 관계를 가꿀 능력을 갖추기 어렵다. 살가운 애정을 가꾸는 데는 숱한 갈등과 감정노동을 겪기 마련이다. 인내심과 배려하는 능력은 그 과정에서 길러진다. 이 사람이 마음에 안 들면 저 사람에게로, 쇼핑하듯 옮겨가는 관계 맺기 속에서는 진정한 우정이 자리 잡지 못한다. 소셜 커뮤니티의 친구가 아무리 많아도 늘 외롭고 헛헛한 이유는 여기에 있다.

　인터넷은 과시의 공간이다. 사람들은 소소한 생활의 순간을 끊임없이 인터넷에 올린다. 이 모두는 개인의 프라이버시에 해당하는 것들이다. 남들이 내 사생활을 군이 알아야 할 이유도, 내가 알려야 할 까닭도 없다. 아니, 내 사생활은 남들이 알려 하면 크게 화를 내어야 마땅한 나만의 모습이다. 그럼에도 왜 사람들은 쉴 새 없이 자신의 사생활을 공개된 공간에 올리곤 할까?

바우만에 따르면 프라이버시는 "사람들이 지니고 있는 유일하고 결코 나누어 가질 수 없는 주권(sovereignty)이 유지되는 공간"[1]이다. 사생활을 봐도 된다고 '허락'해주는 사람은 아주 가까운 가족이나 친구들뿐이다. 생활의 속살을 서로 나누는 사이는 그래서 특별하다. 누군가의 사생활을 깨알같이 안다는 사실은 그 자체로 얼마나 친밀한 사이인지를 알려주는 증거가 된다.

그럼에도 왜 사람들은 자기 사생활을 공개하지 못해 안달일까? 바우만은 이를 "나는 보여진다. 따라서 나는 존재한다."라는 말로 설명한다. '접속'으로 이어가는 관계에서는 끊임없이 자신을 드러내야 한다는 뜻이다. 게시글이 올라올 때는 사람들의 관심이 쏠리며 댓글도 주렁주렁 달린다. 글도 잘 안 올리고 다른 이들의 의견에 댓글도 별로 안 달 때는 금방 잊혀버린다. 따라서 내게 필요한 관심을 얻기 위해서라도 나는 끊임없이 나를 노출하고 보여주어야 한다. 사람은 배려와 사랑을 먹고사는 존재인 탓이다.

문제는 자기 이야기를 수없이 올리고 자신의 사생활을 아무리 많이 공개한다 해도 마음속 헛헛함은 사라지지 않는다는 점이다. 사람을 쉽게 사귀는 인터넷 시대, 우울증 환자와 은둔형 외톨이는 되레 늘어만 가지 않던가.

유동하는 시대 속에서 자신을 찾으려면

"사물의 가치는 바로 그 사물을 획득하기 위해 요구되는 희생의 크기로 측정된다."

바우만의 말이다. 소중한 것을 얻는 데는 그만큼의 시간과 노력이 필요하다. 친구를 더 많이 사귀고 즐거움의 기회를 풍부하게 누린다 해도 공허함은 사라지지 않는다. 이 모두는 내 마음을 '사로잡을' 뿐이다. 즐거움은 그때뿐이다. 외로움과 허무함은 또다시 내 영혼을 채운다.

방전되고 있는 내 삶을 바꾸기 위해서는 '고독을 가꾸는 능력'을 키워야 한다. 넓고 얇은 인간관계보다 좁고 깊은 우정을 키워야 한다. 성찰을 통해 다져진 뿌리 깊은 영혼, 숱한 충돌과 갈등을 이겨내며 쌓은 애정은 쉽게 사그라지지 않는다.

바우만은 현대사회를 '유동하는 근대(liquid modern world)'라 부른다. 모든 것이 바뀌고 변한다는 의미다. 그러나 바쁘게 달려가는 세상에 맞추어 사는 것이 능사는 아니다. 빠른 변화 속에서 내가 사라져버린다면 시대에 '적응'한다는 것이 무슨 의미가 있겠는가.

변화의 시대일수록 '변해서는 안 되는 것'의 가치는 더 높아진다. 내 삶에서 바뀌어서는 안 되는 것을 소홀히 하고 있지는 않은지 반성하고 또 반성할 일이다.

1 지그문트 바우만 지음, 조은평 · 강지은 옮김, 『고독을 잃어버린 시간』, 동녘, 2012, 74쪽.

잘나가는 친구가
질투 날 때 「행복의 역설」

세상은 부와 권력을 가진 삶만을 인정하지 않는다.
나 자신만의 잣대로 나를 바라보라. 내가 엄친아보다 '못한 것'이 아니라
'다른 것'이라고 볼 수는 없을까?

너의 불행은
나의 기쁨

세상은 잘난 사람들로 가득하다. 우리 주변에 '엄친아'들은 왜 이리 많은가. 엄마 친구 아들들은 하나같이 '훈남'인 데다가 공부까지 잘한다. 이들과 비교될 때면 절로 어깨가 움츠러든다. TV나 신문을 볼 때는 더하다. 어려움을 딛고 성공한 이들이 어디 하나둘이던가. 그들의 이야기를 접할 때면, 너는 왜 이렇게 못났냐며 손가락질 받는 느낌이 밀려든다.

"질투만큼 행복을 해치는 감정은 없다." 철학자 데카르트 (Rene Descartes)의 말이다. 물론, 나도 남들만큼 잘나고 싶다. 하지만 이게 어디 쉽던가. 그래서 내 마음은 늘 지옥이다. 남의 잘남이 곧 나의 못남으로 다가오는 탓이다. 남보다 뛰어나기 어려울 때, 우리는 흔히 질투에 빠져들곤 한다. 프랑스 철학자 질 리포베츠키(Gilles Lipovetsky)는 질투의 뜻을 이렇게 정의한다.

> "다른 사람의 불행을 보고 느끼는 건강하지 못한 기쁨, 그리고 상대의 유리한 조건을 빼앗기는 것을 보고 싶은 바람."

언론은 잘나가는 이들의 잘못과 추락을 크게 보도하곤 한다. 이런 기사에는 비난의 댓글이 그득하게 달리기 마련이다. 리포베츠키는 이런 모습 속에서 사람들의 숨은 욕망을 들추어낸다. "유명인사의 불행이 언론에 자주 등장하는 이유는 미디어가 정의롭기 때문만은 아니다. 대중의 질투심에 휘둘리는 탓도 크다."

남의 잘남은 나의 못남이다. 반면, 남들의 못남은 내게는 위안이다. 그래서 질투하는 마음, 앞서가는 이들을 끌어내리고픈 검은 욕망은 끝없이 피어난다. 하지만 미움으로 가득한 영혼이 행복할 리 없다. 질투에서 벗어나 편안해질 수는 없을까?

질투를 일으키지 못하는 너는 못난이

옛사람들은 질투심을 매우 두려워했다. 리포베츠키에 따르면, 질투는 어느 문화에서나 가장 멀리해야 할 악덕이었다. 흥미롭게도, 예전에는 질투를 하는 이들보다 질투를 일으키는 쪽을 더 비난했단다. 예를 들어보자. 우리 할아버지 세대만 해도 자식 자랑은 하는 게 아니었다. 아들딸이 좋은 학교에 가도, 멋진 배우자를 만나도 여럿이 모인 곳에서는 기쁨을 드러내지 않는 것이 '예의'였다. 돈을 많이 벌어도, 승진을 해도 티를 내지 않았다. 그런 듯 아닌 듯 애써 무덤덤한 표정을 지을 뿐이었다. 왜 그랬을까?

잘난 나와 비교될 다른 이들의 심정은 어떨지 생각해보라. 주변의 속마음을 헤아리다 보면 자랑하고픈 마음이 쏙 들어갈 테다. 리포베츠키에 따르면, 전통사회에서는 세상의 행복은 일정하게 정해져 있다고 믿었단다. 내가 많이 차지하면 다른 이들에게 돌아갈 몫은 줄어든다. 내가 많은 행복을 누린다면 남들은 그만큼 불행해지게 될 것이다. 시기와 질투는 갈등을 부른다. 그러니 나의 잘남을 되도록 숨기고 감추는 편이 좋다.

하지만 리포베츠키는 이런 모습을 마뜩지 않게 여긴다. 그에 따르면, 전통사회에서는 결국 '공평하지만 결국 아무도 승자가 될 수 없다.' 이웃과 친척의 눈을 끊임없이 의식하며 살아야 하는 처지가 행복했을까? 질투를 막기 위해 성장까지 멈추라는 눈총은 '뒷다리 잡기' 이상도 이하도 아니다.

현대사회에서 질투는 전혀 다른 뉘앙스를 띠게 되었다. 이제 사람들은 자신의 잘남을 감추려 하지 않는다. 질투 또한 더 이상 일으키지도, 느끼지도 말아야 할 악덕이 아니다. 질투는 되레 성장과 발전을 이끄는 힘처럼 여겨진다.

광고만 해도 그렇다. "바캉스는 환상적이고, 우리 자녀들이 가장 예쁘며, 나의 직업은 흥미진진하다." 광고 속에 비치는 성공한 이들의 모습이다. 아예 어떤 광고들은 대놓고 질투심에 호소하기까지 한다. 이 상품을 손에 넣으면, 주변 사람들이 부러운 눈으로 자신을 바라보리라는 식이다.

현대인은 남들의 질투를 부르지는 않을지 두려워하지 않

는다. 오히려 내가 남들보다 못나 보이지 않을지를 더 걱정한다. 민주주의는 세상이 평등하다고 말한다. 게다가 누구나 공평하게 경쟁할 수 있다고 힘주어 외친다. 똑같은 기회를 주었는데도, 왜 그대'만' 꿈을 이루지 못했는가? 질투심이 든다면 더 노력해야 할 일이다. 질투로 괴로운가? 이는 전적으로 그대 탓이다. 노력하고 또 노력하여 성공을 거머쥐도록 하라!

삶이 상처를 주는데
어찌 공격적이지 않을 수 있는가!

이런 말을 들을 때 억장이 무너질 사람이 하나둘이 아닐 것이다. 내가 노력하지 않아서 못난 것이라고? 출발점이 같다고? 이 말에 고개 끄덕일 사람이 얼마나 될까? 우리 현실만 해도 그렇다. 금수저를 입에 물고 태어난 이들과 세상에 나기 전부터 빚을 이고 난 아이의 처지가 같던가? 리포베츠키도 이 점을 콕 짚어 지적한다.

"청소년들은 또래 친구가 가지고 있지만 자신은 갖기 어려운 명품을 보며 속상해한다. (프랑스) 빈민가에서는 파괴 행위가

빈번하고, 청소년들은 자신이 가난해서 다른 이들과 많이 다르며 소비 세계에서 소외되어 있다는 사실에 '원한'을 품고 더욱 '분노'한다. 이러한 감정은 경제적 불평등이 커지는 이 시기에 더 심해질 수밖에 없다."[1]

출구 없는 불행은 고스란히 세상에 대한 분노로 이어진다. 리포베츠키는 계속해서 말한다. "삶이 우리에게 상처를 주는데 어떻게 다른 이들의 행복에 '공격적'이지 않을 수 있겠는가? 어떻게 다른 이들의 불행을 보면서 자신의 불행을 위로하지 않을 수 있겠는가?"

과소비 사회에 희망이 있다

그렇다면 질투의 괴로움에서 벗어날 방법은 없을까? 리포베츠키는 빈부격차가 심해지는 현대사회에서 되레 희망을 찾는다. 리포베츠키는 '소비'의 발전을 세 단계로 나눈다. 첫번째는 대량생산이 시작되는 단계다. 이때는 '소비 능력이 곧 사회적 지위'를 나타낸다. 예전에는 냉장고나 자동차 등을 아무나 사기 어려웠다. 이를 갖고 있다는 사실 자체가 곧 우월함의 상징처럼 여겨지곤 했다.

두 번째는 '과시적 소비'가 뿌리내리는 단계다. 상품이 시장에 차고 넘치는 상황, '유행'은 남는 물자를 팔아 치우는 역할을 한다. 아직 쓸 만해도 사람들은 유행을 좇아 물건을 버리고 새로 사곤 한다. 최신 상품을, 그것도 꼭 필요하지 않은 사치스러운 물품을 누린다는 사실로 사람들은 자신의 우월함을 과시하곤 했다.

세 번째 단계는 '과소비 사회'가 자리를 잡는 단계다. 시장에는 이제 '가진 자'와 '못 가진 자'만 있지 않다. 상품은 무척 다양해졌다. 이 단계에서는 사람들이 소비를 통해 부만 자랑하지 않는다. 오히려 소비는 '내가 누구인지'를 드러내는 수단이 된다. 예컨대, 환경에 관심 있는 이들은 '친환경 인증'이 붙은 상품을 산다. 공평한 무역에 힘을 쏟는 이들은 '공정무역' 딱지가 붙은 제품에 마음이 끌릴 테다. 억압과 규제를 싫어하는 이들은 자유로운 히피식 복장을 갖추는 식으로 자신을 표현한다.

꼭 비싼 물건이 아니어도, 세상에는 자기가 누구인지를 나타낼 수 있는 온갖 제품들로 차고 넘친다. 리포베츠키는 과소비사회는 '민주적 인간(homo democraticus)'을 만든다고 말한다. 누구와 자신을 견주며 우월함이나 열등감을 느끼기보다, 남들과 다른 나를 드러내고 인정받는 데 더 신경을 기울인다는 뜻이다.

싸이의 B급 문화는 왜 성공했을까?

리포베츠키의 틀로 다시 질투를 바라보자. 나는 왜 엄친아들을 질투할까? 이는 엄친아의 틀로 나 자신을 가늠하려 들기 때문이다. 그러나 '학교의 우등생이 사회의 모범생은 아니'라는 말도 있지 않은가? 세상은 부와 권력을 가진 삶만을 인정하지 않는다. 나 자신만의 잣대로 나를 바라보라. 내가 엄친아보다 '못한 것'이 아니라 '다른 것'이라고 볼 수는 없을까?

물론, 우리 현실에서 이런 마음자세를 갖추기란 보통 어려운 게 아니다. 어릴 때부터 한줄 세우기식 경쟁 문화에 푹 젖어 있는 탓이다. 가수 싸이(Psy)를 떠올려보자. 그의 음악은 'B급 문화'를 제대로 보여준다. "나 완전히 새됐어"라는 가사로 유명한 「새」에서부터 「젠틀맨」에 이르기까지, 그의 음악은 고상함과는 거리가 멀다.

한류의 세계화를 외칠 때, 한국 가요가 성공하려면 세계적인 유행에 맞추어야 한다는 목소리도 높았다. 그러나 정작 세계적으로 인기를 끈 싸이의 음악은 한국의 B급 문화 코드에 충실하다. B급 문화가 주류 문화보다 '못한 것'이라고 여겼다면 결코 이루지 못했을 성공이다. 나의 현실이 세상의 잘난 이들보다 '못한 것'이 아니라 '다른 것'이라고 여길 때, 나아가 이 다른 점을 최대한 훌륭하게 끌어낼 수 있을 때, 내 마음을 쥐고 흔드는 질투심은 눈 녹듯 사라질 테다.

그렇다면 스스로에게 물어보자. 나에게는 엄친아와 다르다고 내세울 무엇이 있을까? 세상은 한 가지 기준으로 평가하기에는 너무 복잡하고 다양하다. 내가 최고가 될 수 있는 잣대는 무엇일까?

1 질 리포베츠키 지음, 정미애 옮김, 『행복의 역설』, 알마, 2009, 367쪽.

경쟁자와도 우정을
나눌 수 있을까 『역사의 종말』

설사 경쟁에서 밀려난다 해도, 함께 어깨를 맞대며 자웅을 겨루었다는
사실이 자부심이 될 만큼 경쟁자들을 훌륭하게 만들어야 한다.
주변에 뛰어난 경쟁자들에게 감사의 마음을, 따뜻한 우정을 품을 일이다.

이런 상황에서
우정이 가능할까?

'가족 같은 분위기'란 알고 속는 거짓말인 경우가 많다. 경쟁 사회에서 진정한 우정을 나누기는 어렵다. 아무리 화기애애하면 뭐하겠는가. 동료란 결국 밀쳐내야 할 경쟁 상대일 뿐이다. 상대보다 나은 성과를 내지 못할 때 내가 일터에서 밀려나게 되는 탓이다. 학교도 다르지 않다. 성적표 나오는 날 교실에 흐르는 묘한 분위기를 떠올려보라. 급우들끼리 재

잘댈 때의 살가움은 사라지고 없다. 우월감과 질투심, 자부심과 동정심이 묘하게 엇갈린다. 친구가 사라졌으면 좋겠다는 잔인한 소망이 꿈틀거리기까지 한다. 나보다 나은 아이가 없어지면 그만큼 내 성적이 올라가기 때문이다.

그래서 동료와 친구에 대한 마음은 늘 복잡하다. 나는 저 사람이 좋다. 그러나 불편하다. 서로가 경쟁하는 상황, 나의 뛰어남은 상대에게 열등감이 될 것이다. 마찬가지로, 상대의 우수함은 나에게 굴욕을 안기기도 한다. 이런 상황에서 따뜻한 우정이 과연 가능할까? 겉으로 웃고 있어도 속마음은 착잡한 이유다.

인간은 다른 사람을 통해 자신을 본다

이런 생각에 마음이 복잡하다면, 정치학자 프랜시스 후쿠야마(Francis Fukuyama)의 충고를 들어볼 일이다. 그에 따르면 인간은 뿌리부터 '타인지향형'이다. 내가 어떤 사람인지, 얼마나 가치 있는 인물인지를 어떻게 알 수 있을까? 나 혼자서는 나 자신을 알 수 없다. 나의 가치는 다른 이들이 나를 어떻게 보는지를 살펴볼 때 비로소 드러난다. 우리가 다른 사람의 평가에 전전긍긍하게 되는 이유다.

인간의 역사는 먹고사는 문제로만 굴러가지 않는다. '인정받고자 하는 경쟁(인정 투쟁, Struggle for Recognition)'은 사회를 움직이는 또 다른 힘이다. 사람들은 훈장이나 자리를 놓고 다투곤 한다. 번쩍이는 훈장 배지가 별 이익이 없을 때도 그렇다. 이름뿐인 감투를 놓고 얼굴을 붉히는 경우도 흔하다. 왜 그럴까?

후쿠야마에 따르면 "남들도 그것을 원하기 때문"이란다. 아무도 원하지 않는 것에는 누구도 관심을 두지 않는다. 올림픽 금메달에 누구도 눈길을 주지 않는다면 그토록 치열한 경쟁도 일어나지 않을 테다. 많은 사람들이 원할 때, 경쟁으로 얻어야 할 것의 가치는 급격하게 올라간다. 남들이 모두 바라는 것을 내가 차지한다고 해보라. 그만큼 나는 남보다 더 뛰어난 인간으로 '인정'받는 셈이 된다. 인정받고 싶은 욕구는 인간의 본능과도 같다. 그래서 우리는 남보다 더 뛰어나기를, 그래서 더 인정받기를 바라며 불꽃 튀는 경쟁을 벌인다. 우리는 일단 이 점을 받아들여야 한다. 해법은 현실을 있는 그대로 바라볼 때 열리기 때문이다.

노예의 인정과 자유인의 인정

그렇다면 어떻게 해야 경쟁 속에서도 따뜻한 우정을 쌓을 수 있을까? 후쿠야마는 철학자 헤겔의 '주인과 노예의 변증법'을 끌어들인다.

사람들은 인정받기 위해 경쟁하며 다툰다. 그런데 경쟁 끝에 상대가 죽어버렸다면 어떻게 될까? 이때 나는 인정받을 길이 없다. 왕 노릇도 혼자서는 할 수 없다. 나의 승리를 알아줄 상대방이 없다면 나의 승리는 무의미하다.

그래서 나는 상대방을 '노예'로 삼는다. 상대가 나에게 복종할 때, 나의 가치는 두드러지며 그만큼 나는 인정받는 셈이기 때문이다. 하지만 노예에게 우러름 받는 마음 한구석에는 늘 불편함이 꾸물거릴 테다.

노예에게 인정받을 때와 나와 똑같은 자유인에게 인정받을 때를 견주어보라. 어느 때 나의 가치가 더 높다고 여겨지겠는가? 당연히 자유인들이 나를 알아줄 때다. 따라서 역사는 자유인이 점점 늘어나는 쪽으로 나아갈 수밖에 없다. 내 주변이 노예들로 가득 차 있는 한, 나의 가치도 덩달아 낮아지는 까닭이다. 자유인, 그것도 뛰어난 인품과 실력을 갖춘 사람들이 내 곁에 많을 때, 나는 수준 높은 인정을 받을 가능성이 높아진다. 인간은 사회적 동물이다. 어떤 사회에 있는지에 따라 나의 가치 또한 달라지곤 한다.

진정한 우정은 상대를 존경할 때 열린다

이제 처음의 물음으로 되돌아가보자. 경쟁자들과도 따뜻한 우정을 나눌 수 있을까? 충분히 가능하다. 아니, 꼭 그래야 한다. 훌륭하고 뛰어난 경쟁자가 내 주변에 많아질수록 나의 가치도 덩달아 올라가기 때문이다. 이는 뜬구름 잡는 소리가 아니다. 엘리트가 모인 곳에서 경쟁했다는 사실은 그 자체로 훌륭한 '스펙'이 되곤 하지 않던가. 설사 경쟁에서 밀려난다 해도, 함께 어깨를 맞대며 자웅을 겨루었다는 사실이 자부심이 될 만큼 경쟁자들을 훌륭하게 만들어야 한다.

진정한 우정은 상대를 동정할 때가 아니라 존경할 때 열린다. 주변의 뛰어난 경쟁자들에게 감사의 마음을, 따뜻한 우정을 품을 일이다.

비정규직 내 인생에도
볕 들 날 있을까 「어떻게 일에서 만족을 얻는가」

내가 지금 일을 하는 '목적'은 무엇인가?
나는 일의 목적보다 보상에 매달리고 있지 않은가?
보상에 대한 고민이 일의 목적을 앞설 때, 내 삶은 흔들리기 시작한다.

내 인생에 희망이
있을까?

비정규직은 서럽다. 똑같은 일을 해도 받는 대접이 다른 탓이다. 탄탄한 직장에 정규직으로 있는 이들은 월급봉투도 두툼하다. 그들이 내미는 명함에는 자부심이 담겨 있다. 어디를 가나 일등 신랑감, 신붓감으로 여겨진다.

반면, 비정규직인 나는 어떤가? 일은 가장 많이 하고 혜택은 가장 적게 누린다. 언제 잘릴지 모르는 상황, 남보다 더 열심히 해서 점수를 따야 한다. 눈 밖에 날까 저어되어 얄팍한 급여에도 목소리를 못 낸다. 누군가에게 내가 무슨 일을 한다고 말하기도 두렵다. 그럴수록 속은 썩어 들어간다. 나는 왜 '눈칫밥 인생'을 살게 되었을까? 언제까지 이 생활이 계속될지 한숨이 난다. 내 인생에도 희망이란 게 있을까?

텔로스를 잊지 말라

비정규직이 대세가 된 세상, 이런 고민은 드물지 않다. 하지만 물음을 달리 던져보자. 정규직만 된다면 과연 내 인생은 행복해질까? 심리학자 배리 슈워츠(Barry Schwartz)와 정치학자 케니스 샤프(Kenneth Sharpe)는 철학자 아리스토텔레스(Aristoteles)의 충고를 들려준다. "텔로스(telos)를 잊지 말라."

텔로스란 '목적'이란 뜻이다. 예를 들어보자. 의사가 일을 하는 목적은 병을 고치는 데 있다. 그런데 의사가 치료보다 돈을 버는 데 더 관심을 둔다면 어떨까? 환자들에게 이런 의사는 달갑지 않다. 의사 자신에게도 마찬가지다. 생각만큼 수익이 나지 않으면 병을 고치는 일이 점점 재미없어진다.

한때 미국에서는 학생들이 책을 읽을 때마다 돈을 주는 프로그램이 유행했다. 아이들의 독서량은 엄청나게 늘어났다. 그러나 학생들은 독서를 좋아하게 되었을까? 배리 슈워츠와 케니스 샤프는 고개를 젓는다.

예전에 아이들은 책을 고를 때 재미있는지, 얼마나 유익한지를 따졌다. 이제는 책이 얇은지, 얼마나 빨리 읽어낼지를 고민할 뿐이다. 그러는 가운데 독서의 즐거움은 사라지고 말았다. 책읽기는 용돈을 버는 수단이 되어버렸다. 이렇게 독서를 익힌 아이들은 평생 책이 주는 즐거움을 알지 못할 테다.

돈은 무엇보다 강력한 인센티브다. 하지만 돈은 일의 보람과 의의를 앗아가버리기도 한다. 그렇다면 자기 자신에게 물어보라. 내가 지금 일을 하는 '목적'은 무엇인가? 나는 일의 목적보다 보상에 매달리고 있지 않은가? 보상에 대한 고민이 일의 목적을 앞설 때, 내 삶은 흔들리기 시작한다.

안정적인 직장이 독이 되는 이유

배리 슈워츠와 케니스 샤프는 아리스토텔레스의 '실천적 지혜(practical wisdom)' 또한 강조한다. 어떤 일에서건 노하우는 하루아침에 얻어지지 않는다. 지혜는 숱한 실수와 시행착

오를 거치는 가운데 쌓인다.

탄탄한 직장과 안정된 시스템은 되레 독이 되기도 한다. 책임과 권한이 뚜렷한 직장은 일하기에 좋다. 내가 무엇을 할 때 상을 받고 어떤 일을 하면 처벌을 받는지가 분명하기 때문이다. 그러나 규정과 보상 시스템이 정교할수록 내가 판단하고 결정할 일은 줄어든다.

이런 직장일수록 일을 잘해냈는지 만큼이나 업무 매뉴얼대로 했는지, 절차는 제대로 밟았는지를 따지기 마련이다. 그래서 사람들은 스스로 판단하기를 두려워한다. 정해진 대로 하지 않았다간 책임이 고스란히 자신에게 돌아오는 탓이다. 이런 상황에서 '실천적 지혜'가 자라날 수 있을까?

일터에서 쫓겨날지 모른다는 공포는 안정적인 직장에 다니는 이들에게 더 크게 다가온다. 이들에게 스스로 알아서 모든 것을 해야 되는 상황은 황당하고 두렵기만 하다. 반면, 변변한 도움 없이 맨몸으로 모든 일을 처리해야 하는 사람들은 갈수록 강해진다.

배리 슈워츠와 케니스 샤프는 '평가 목표(performance goals)'와 '숙달 목표(mastery goals)'의 차이를 들려준다. 성적에만 목을 매는 아이는 실패를 두려워한다. 낮은 성적은 자신이 형편없는 인간임을 보여준다고 여기는 탓이다. 그래서 점수를 쉽게 딸 수 있는 쉬운 과제만 하려 든다. '평가 목표'란 점수 자체가 곧 목적이 되어버린 것을 말한다.

끊임없이 발전하는 아이들은 '숙달 목표'에 매달린다. 이들은 낮은 성적표를 두려워하지 않는다. 시험은 자신이 뭐가 부족한지를 확인하는 수단일 뿐이다. 점수가 낮았다고? 별 상관없다. 부족한 점을 알았으니 더 잘하면 되지 않겠는가. 이들은 실패를 통해 깨달음을 얻으며 점점 나아진다. '숙달 목표'는 주어진 과제를 더 잘하게 되는 데에 목적을 두는 것을 뜻한다.

그렇다면 정규직이 되려고 애를 쓰는 그대는 어떤 목표에 초점을 두고 있는가? 어느덧 숙달 목표가 사라지고 평가 목표에만 목을 매고 있지 않은가? 성과에만 급급하게 될 때, 나 자신은 작아지고 만다. 가진 것이 없다면 빼앗길 것도 없다. 그러니 끊임없이 도전해볼 일이다. 두려움 없는 시도, 숱한 실패와 깨달음의 경험은 그 어떤 스펙보다 소중하다.

나의 일은 소명인가, 생업인가

나아가, 배리 슈워츠와 케니스 샤프는 소명(calling)과 생업 (job)을 구분한다. 생업은 먹고살기 위해 하는 일이다. 수입을 얻지 못한다면 그 일을 해야 할 까닭도 없다. 그래서 일터를 벗어난 순간 일은 머릿속에서 사라진다. 물론, 생업을 꾸리는 이들은 '쿨'하게 말할 것이다. 나는 공과 사를 칼같이 나눌 줄 안다고.

하지만 일이 단지 수입을 얻고 지위를 유지하는 수단에 머물 때, 삶은 만족스럽지 못하다. 일은 삶에서 가장 큰 부분을 차지한다. 누군가를 알게 되었을 때 "이름이 뭐에요?" 다음으로 "뭐하시는 분이에요?"를 묻게 되지 않던가.

소명은 내 인생의 의미가 있다고 느끼는 일이다. 설사 수입을 얻지 못하더라도, 나는 그 일을 그만둘 수 없다. 일 자체가 즐겁고 할 때마다 내가 자라나는 느낌을 주는 까닭이다. 행복은 의미 있는 일에 몰두할 때 자연스럽게 찾아든다. 긍정심리학의 대가 마틴 셀리그먼(Martin E. P. Seligman)의 말이다.

그렇다면 내가 지금 하는 일은 소명인가, 생업인가? 비정규직인 신세를 한탄하기 전에, 이것부터 따져 물어야 한다.

물론, 퍽퍽한 사회 현실이 소명으로 여기던 일들을 생업으로 만들어버리기도 한다. 일이 생활에 충분한 수입을 주지 못할 뿐더러 미래를 걱정하지 않아도 될 만큼 안정적이지도 않기 때문이다. 그렇다면 소명을 소명답게 하기 위해 우리는 현실을 어떻게 바꾸어야 할까? 이렇게 정치의 문제는 삶의 현실과 맞닿아 있다. 내 인생에 희망을 주려면 이 질문들에 대한 답을 찾아야 한다.

좋은 직장을 얻기 위해
물어야 할 것들 『왜 사람들은 싸우는가?』

불행한 사회에서는 누구도 행복하기 어렵다.
반면, 모두가 행복한 사회에서는 불행해지기도 쉽지 않다.
그렇다면 나 자신이 살아남기 위해 아득바득하는 것으로는 충분하지 않다.
사회를 어떻게 하면 낫게 만들 수 있는지부터 고민해야 한다.

이 회사,
최선일까?

출근하는 발걸음은 무겁다. 망치로 묵묵히 내리치는 듯한
일상이 이어지고 있다. 쳇바퀴 같은 일상, 어느새 나는 하루
종일 퇴근 시간만 손꼽게 되었다. 남들은 내가 좋은 직장을
다닌다고 부러워한다. 하지만 내게는 속 모르는 소리로 다가
올 뿐이다. 바쁘게 총총 뛰어다녀도 마음 한구석은 늘 헛헛
하다. 과연 나에게 미래가 있을까? 이 힘겨운 생활은 언제쯤

끝날까? 차라리 직장을 옮겨볼까?

번듯한 일자리만 얻으면 모든 근심이 사라질 것 같던 시절이 있었다. 그러나 현실은 녹록하지 않다. 산 너머 산이라고, 여전히 삶은 버겁기만 하다. 그래서 직장을 옮기기도 두렵다. 새로운 곳에 가면 사정이 낫다는 보장이 어디 있겠는가.

이런 고민에 머리가 무거운 직장인이라면 철학자 버트런드 러셀의 충고를 들어볼 일이다.

성장하는 일터와 소유하는 일터

러셀은 우리의 욕구를 둘로 나눈다. 하나는 '성장의 욕구'이고 다른 하나는 '소유의 욕구'다. 성장의 욕구는 가치 있는 무언가를 만들고픈 마음이다. 호기심에 반짝거리는 어린아이의 눈망울을 떠올려보라. 재미있고 의미 있다고 생각하는 일에는 흥미가 절로 동한다. 누가 시키지 않아도 매달리게 되고, 이루어냈을 때는 뿌듯한 보람이 밀려든다. 인간에게는 누구나 성장의 욕구가 있다. 이는 마치 '나무가 햇빛을 찾아 뻗어가는 것처럼' 자연스러운 심정이다.

소유의 욕구는 무언가를 손에 넣고 싶어하는 마음이다. 인간은 항상 더 많은 것을 갖고 싶어한다. 소유의 욕구에 휩싸여 있을 때는 남들과 부딪치기 십상이다. 남도 내가 가지려는 것에 눈독을 들인다. 남이 먼저 차지하면 나는 그것을 가질 수 없다. 그러니 상대를 밀쳐낼 수밖에 없겠다.

성장의 욕구는 그렇지 않다. 내가 새로운 것을 만들어냈다 해서, 남이 방해받는 일은 없다. 서로 성장하는 모습은 모두에게 즐겁다.

그렇다면 그대의 일터 분위기는 성장 욕구를 따르고 있는가, 소유의 욕구에 따라 굴러가는가? '봉급'을 빼고는 일터에서 의미를 찾기 어려운 사람에게 직장 생활은 고역이다. 직장도 소유의 욕구에 따라 직원을 길들이려 한다. 남이 내 몫을 차지하면 내 수입은 줄어들 터다. 그러니 더 열심히 달릴 수밖에 없다.

소유의 욕구는 성장의 욕구를 억누르기도 한다. 더 많이 생산해내야 더 많은 이득을 얻을 수 있는 법, 어느새 '야근'과 '과로'는 미덕으로 다가온다. 일을 위해서라면 여가나 휴식쯤은 간단히 접어야 하는 분위기다. 사람답게 살기 위해 일하는지, 일하기 위해 더 열심히 일하고 있는지 구분이 안 된다.

우리 사회의 일터 모습은 어느 욕구가 더 지배적일까? 소유의 욕구 쪽이 더 강할 듯싶다. 가뜩이나 경기도 안 좋은 상황, 실적에 쫓기는 분위기는 어디나 비슷하다.

이쯤 되면 우리의 직장 생활이 왜 헛헛한지가 분명해 보인다. 성장의 욕구로 가득 찬 일터는 즐거움이 넘친다. 러셀에 따르면, 우리 인생은 원래 '사랑'과 '건설의 본능', 그리고 '삶의 기쁨'으로 가득 차 있어야 한다. 그렇다면 직장을 찾을 때 연봉과 처우 조건을 따지기 전에, 다음 물음부터 던져보아야 하지 않을까?

"이 직장은 나에게 최대한의 자유와 활력, 진보에 대한 자극을 보장하는가?"[1]

러셀은 "안전한 생활이 아니라 기회가 필요하다."고 잘라 말한다. 돈에 쪼들리면 행복하기 어렵다. 그러나 돈이 많다고 해서 자동적으로 행복해지지는 않는다. 충분한 급여와 복지 혜택은 생계의 공포를 몰아낸다. 그래도 이는 '피난처'일 뿐, 결코 삶의 희망은 되지 못한다. 일이 보람차고 미래가 있다고 여겨지려면 일터가 나에게 '기회'로 다가와야 한다.

모두가 행복한 사회에서는 불행해지기도 어렵다

그러나 이런 물음은 대다수 취업준비생들에게는 헛웃음 나오는 소리로 들릴 뿐이다. 당장 취직이 절절한 처지에 물불 가리게 생겼는가. 경쟁이 얼마나 치열한지 모르고 이런 한가한 소리나 하고 있나 하고 말이다.

이 지점에서 오히려 러셀은 더 목소리를 높인다. 급할수록 돌아가라 했다. 곰곰이 따져보라. 그대가 좋은 일자리를 얻을 가능성은 무척 적다. 취업 경쟁률이 몇십 대 일을 넘나드는 시대다. 그렇게 직장을 얻었다 해도 행복해질 가능성은 높지 않다. '오륙도(오십 육세까지 일하면 도둑)', '이태백(이십 대 태반이 백수)'이라는 농담도 한물갔을 정도다. 이제는 정년, 정규직이라는 표현 자체가 의미 없게 다가올 지경이다. 이런 치열한 현실에서 누가 철밥그릇을 바랄 수 있단 말인가.

우리는 어떻게 살아야 할 것인가? 경쟁이 치열하니 남보다 더 죽어라고 달려야 하는가? 나만 살면 모든 문제가 해결될까? 현실이 이 지경이 되었다면 이제 우리는 사회가 왜 이모양이 됐는지 따져보아야 하지 않는가! 러셀은 "어떻게 하면 좋은 직장을 얻을 수 있는가?"를 따지는 젊은이들에게 다른 물음을 던지게 한다.

"우리는 살아 있는 동안 세계를 위해 무엇을 해야 하는가?"[2]

불행한 사회에서는 누구도 행복하기 어렵다. 반면, 모두가 행복한 사회에서는 불행해지기도 쉽지 않다. 그렇다면 나 자신이 살아남기 위해 아득바득하는 것으로는 충분하지 않다. 사회를 어떻게 하면 낫게 만들 수 있는지부터 고민해야 한다.

물론, '나는 세상을 위해 무엇을 할 수 있는가?'를 묻는 젊은이는 많지 않다. 더 나은 세상을 만들기 위해 나는 어떤 직장을 바라야 하는지를 묻는 젊은이는 소유의 욕구에 좀처럼 휘둘리지 않을 테다. 이런 젊은이가 늘어날수록 사회는 건강해질 것이다.

현실을 바꾸고 싶을 때,
멋진 사회를 꿈꾸자

선구자의 삶은 외롭고 힘들다. 러셀은 다음과 같이 젊은이들을 다독인다.

"새로운 사고는 지적인 초연함, 고독을 견디는 활동력……을 필요로 한다. 고독을 감수하려는 자세가 없이는 새로운 사고에 이를 수 없다."[3]

철학자 아우구스티누스(Aurelius Augustinus)는 야만족이 성벽 밑까지 쳐들어오는 상황에서 『신국론』을 썼다. 이는 바람직한 사회는 어떤 모습인지를 담은 책이다. 꿈이 없다면 현실이 바뀔 리 없다. 눈앞의 현실만 바라보며 절망하고만 있다면 어두운 현재를 버티는 나날이 이어질 뿐이다. 현실을 바꾸고 싶을 때는 멋진 사회를 꿈꾸어야 한다.

좋은 직장을 얻어 행복한 인생을 살고 싶은가? 그러면 "어떻게 하면 좋은 일자리를 얻을까?"를 물어서는 안 된다. "나는 살아 있는 동안 세상을 위해 무엇을 해야 하는가?"부터 진지하게 물어야 한다. 물론, 꿈꾸기조차 쉽지 않은 현실이다. 그러나 세상의 미래는 용감하게 꿈꾸는 젊은이들 손에 달렸다.

1 버트런드 러셀 지음, 이순희 옮김, 『왜 사람들은 싸우는가?』, 비아북, 2010, 124쪽. 인용한 문장은 본문 문투에 맞게 지은이가 윤문한 것임.
2 같은 책, 223쪽.
3 같은 책, 225쪽.

잉여인간이
될까 두렵다면 『인간적인 길』

내가 진료를 받았기에 의사는 일자리를 얻게 되지 않았던가?
내가 교육을 받았기에 교사들은 수당을 받게 되었다.
나는 세상이 굴러가는 데 충분한 '역할'을 한 셈이다.

우리는 '88만원 세대'에서
벗어날 수 있을까?

살기 참 힘든 세상이다. 치열한 입시 경쟁은 어깨를 짓누른다. 좋은 학벌을 갖추기가 얼마나 어렵던가. 하지만 좋은 대학에 들어간다 해도 끝이 아니다. 취업이라는 더 어려운 관문이 기다리고 있는 탓이다. 명문대 학생들도 '88만원 세대'의 굴레에 짓눌린다. 정규직 되기가 하늘의 별 따기인 사회, 대다수는 근근하게 하루하루를 버틴다.

그럴싸한 일자리를 얻었다 해도 불안은 가시지 않을 테다. 정리해고가 일상화된 시대, 정년까지 버티리라는 기대는 헛되기만 하다. 이런 세상에서 내가 자리 잡을 곳은 어디일까? 세상은 나를 필사적으로 밀쳐내는 듯싶다. 쓰일 데 없고 능력도 없는 '잉여인간'이 되면 어쩌나 하는 두려움이 뒷덜미를 붙잡곤 한다. 그래서 우리는 살아남으려 제각각 아득바득 살아간다.

하지만 그 끝은 어디일까? '공무원'은 먹고살기 힘든 우리 삶의 이상(理想)이 되어버렸다. 안정된 수입과 예측 가능한 미래, 법적으로 보장된 휴가. 많은 젊은이들은 더 이상 도전하는 인생을 꿈꾸지 않는다. 뿌리 없이 흔들리는 생활은 안정된 소시민의 일상을 절절하게 바라게 한다.

정치가들도 하나같이 먹고사는 문제를 해결하겠다며 외쳐댄다. 하지만 복지가 늘고 살림살이가 펴지면 삶의 불안함이 가실까? 프랑스 지성 자크 아탈리(Jacques Attali)는 조용히 고개를 흔든다.

"사회보장에 대한 권리가 적게 일하고 많이 소비할 수 있도록 하는 것에 지나지 않는다면, 세계의 비인간화를 물리칠 수 없다."1

왜 그는 이토록 비관적일까? 그의 설명을 따라가보자.

언제든 버림받을 수 있는 사회

자크 아탈리는 시장과 민주주의 모두를 높이 산다. 이 둘은 개인이 누리는 자유를 키워냈다. 시장을 통해 사람들은 원하는 것을 얻고 세상의 바람대로 자신의 가치를 만들어나간다. 이렇게 보면 실업(失業)도 꼭 나쁘지만은 않다. 직장에서 놓여나 자신이 인정받을 수 있는 새로운 일자리를 찾는 '기회'를 주기 때문이다.

민주주의도 다르지 않다. 민주주의는 사람들에게 정해진 방식대로 살라고 다그치지 않는다. 누구나 여러 가지 가능성 가운데서 원하는 삶을 선택할 수 있다. 시장과 민주주의는 함께 커나가며 우리 삶을 살찌운다. 이 둘이 합쳐진 '시장 민주주의'는 우리 사회를 움직이는 뿌리이기도 하다.

그러나 둘의 결합은 이내 뭉그러지고 만다. 시장이 민주주의보다 힘이 센 탓이다. 민주주의는 온갖 굴레와 의무에서 사람들을 자유롭게 한다. 사람들은 더 이상 무엇에 얽매이려 하지 않는다. 자크 아탈리에 따르면, 우리 모두는 '포기할 준비가 되어 있고 버림받을 것 또한 예상하고 있다.'

늘 가던 상점에서 다른 가게로 발걸음을 돌렸다고 해보라. 그렇다고 해서 우리가 양심의 가책을 느낄까? 그렇지 않다. 이는 나의 '선택'일 뿐이다. 정치도 마찬가지다. 다음 선거에서 내가 지지하는 정당을 바꾸었다 해서 손가락질 당할 이유는 없다. 이는 표 가진 이들의 당연한 선택일 뿐이다. 사람들은 자신의 기대를 채워주고 처지를 낫게 해줄 후보에게로 언제든 돌아설 태세가 되어 있다.

개인의 선택이 철저하게 보장될수록, 시장 민주주의는 '시장사회'로 바뀌어버린다. 시장에서는 매력적인 상품이 선택을 받는다. 사람들 또한 세상의 선택을 받기 위해 노력한다. 경쟁은 치열해지고 인권이나 삶의 질을 앞세우는 목소리는 잦아든다. 남보다 더 굽실거리고 더 싸게 원하는 것을 주지 않는다면 세상은 나에게 등을 돌릴 것이다. 그러니 나의 권리를 감히 앞세우지 못한다.

마침내 시장사회는 '상품사회'라는 지옥으로 흘러가버린다. 시장사회에서 사람들의 관계는 주고받는 계약 관계일 뿐이다. 지금의 가족 관계를 떠올려보라. 이제는 가족끼리도 의무와 권리를 서류로 꾸며서 도장 찍는 일이 드물지 않다. 사람들은 서로를 경계한다. 따스함이 통하는 살가운 관계를 맺기란 점점 힘들어진다. 그래서 우리 모두는 외롭다.

이럴수록 사람들은 소비를 통해 고독을 이겨내려 한다. 쇼핑이 마음을 다독이는 오락이 된 이유다. 사람들은 상품과 함께 친절과 따뜻함을 건네받는다. 반면, 사람들은 상품을 손에 넣기 위해 배려와 관심을 '연기'해야 한다. 이 모두는 신기루처럼 잠깐 피어났다가 스러질 것들이다. 이렇게 끈끈한 연대와 진솔한 마음 나눔은 세상에서 사라져간다.

상황이 이럴진대 복지 혜택이 늘어나고 살림살이가 피어나기만 한다고 모든 문제가 해결될까? 든든한 철밥통만 차지하면 장밋빛 인생을 살게 될까? 우리가 행복하려면 어떻게 해야 할까?

잉여인간은 없다

자크 아탈리는 보다 큰 그림을 그린다. 아탈리는 자신이 제시하는 대안에 '인간적인 길'이라는 이름을 붙인다. 무엇보다 그는 '노동'의 의미를 달리 본다. 상품을 만들고 서비스를 제공하는 것만 일이 아니다. 병원에서 치료를 받고, 일자리를 잃고 재교육을 받는 것도 노동이다. 이 또한 충분히 사회에 가치 있는 일이기 때문이다.

내가 진료를 받았기에 의사는 일자리를 유지하게 되지 않았던가? 내가 교육을 받기에 교사들은 수당을 받게 된 것이다. 나는 세상이 굴러가는 데 충분한 '역할'을 하고 있는 셈이다. 이런 잣대로 세상을 바라보면 '잉여인간'이란 없다! 그러니 직업이 없다고 해서 주눅 들 필요는 없다. 백수인 나 덕분에 누군가는 나 같은 이들을 돕는 의미 있는 일을 하게 됐을 것이다.

아탈리는 환대(歡待)의 의미도 중요하게 앞세운다. 사랑하는 이들을 환영하고 대접하는 장면을 떠올려보라. 이는 대가를 바라고 하는 일이 아니다. 돈이 오가지 않아도, 우리는 관계를 꾸려가며 정을 나눈다. 아탈리는 이를 '무상제공'이라고 부른다.

아탈리가 말하는 무상제공은 가족 관계와 비슷할 듯싶다. "부모는 가죽으로 살아도 고맙다."고 하지 않던가. 존재 자체로 우리에게 힘을 주는 까닭이다. 자식에게 쏟는 헌신은 또 어떤가. 아탈리는 상품사회가 잊고 있던 따뜻한 연대를 회복하려고 한다. 그렇다면 이런 연대를 다시 찾기 위해서는 어찌 해야 할까? 아탈리의 말을 들어보자.

"가난함이란 지금까지는 '갖지' 못한 것이었으나, 가까운 장래에는 '소속되지 못한 것'이 될 것이다."2

그는 '인간관계성 자산(資産)'을 강조한다. 인간관계성 자산이란 가족, 친구, 사회단체 등 무엇에 속하여 관계를 꾸려나가는 것을 말한다. 이를 가꾸기 위해서는 무엇보다 '정치'가 중요하다. 아탈리는 특히 공동체에 대한 책임의식을 가져야 한다고 힘주어 말한다. 물론, 이를 갖도록 하기는 쉽지 않다.

"욕심나는 것을 더 많이 가지려고 하는 유권자에게, 상품 광고에 길들여진 소비자에게, 텔레비전 앞에 자리 잡기 바쁜 대중에게……대부분 행복하게 살기만을 원할 뿐 자유롭게 사는 데는 무관심하거나, 더 많이 갖기만 원할 뿐 더 많은 의미를 창조하기는 원치 않는 사람들에게 민주주의를 설명하는 일은(매우 어렵다.)"3

과연 우리는 지금과 다르게 살아갈 수 있을까?

미래에 대한 희망을 품기 어려운 요즘이다. 살기 어려울 때 사람들의 시야는 좁아진다. 어떤 사회가 바람직한지, '정의로운 미래'는 어떠해야 하는지에 대한 논의는 뜬구름 잡는 소리처럼 다가올 뿐이다.

그러나 죽어라고 뛰면 뭐하겠는가. 방향이 잘못되었을 때는 그 무슨 노력도 소용없다. 요새 젊은이들의 삶은 살아남기 위한 경쟁으로 가득하다. 하지만 경쟁에서 살아남고 행복해지는 이들이 극히 적다면, 경쟁 자체가 과연 의미 있는지부터 따져보아야 하지 않을까?

자크 아탈리에게 정치란 '과연 우리가 지금과 다르게 살아갈 수 있는지'에 대한 답을 찾는 일이다. 정치에 대한 무관심은 날로 커지고 있다. 그러면서도 살기 힘들다는 아우성이 곳곳에서 들린다. 경쟁에서 이긴다고 해도 잉여인간이 될지 모른다는 공포에서 벗어나지는 못한다. 두려움에서 진정 해방되고 싶다면, 우리 사는 세상을 바람직하게 바꾸기 위해 어찌 해야 하는지부터 고민해야 하지 않을까?

행복하지 않은 세상에서 행복하게 살 수 있다는 말은 '알고 속는 거짓말'일 뿐이다. "세상의 운명을 우리 스스로 선택할 수 있음을 이해해야 한다."는 자크 아탈리의 충고를 귀담아 들을 일이다.

1 자크 아탈리 지음, 주세열 옮김, 『인간적인 길』, 에디터, 2005, 112쪽.
2 같은 책, 167쪽.
3 같은 책, 155쪽.

집단폭력, 가해자도
피해자도 되지 않는 법 『국화와 칼』

학교 폭력은 날로 심각해져만 간다.
학생들이 좋아야 할 '각자의 알맞은 미래 모습'을 '정신적으로 성숙해야 할
목표치'로 다시 정해주는 것이야말로 학교 폭력에 대한 진정한 해결책이 아닐까?

장난은
장난이 아니다

아이들 세계는 늘 평화롭지 않다. 말다툼, 주먹다짐도 종종 벌어지곤 한다. 때로는 무리 지어 몇몇 친구를 따돌리기도 할 테다. 옥신각신 아옹다옹하지만 어른들은 좀처럼 끼어들지 않는다. 아이들은 싸우면서 큰다고 하지 않던가. 싸움도 해보고 따돌림도 당해봐야 서로의 심정을 헤아리게 되는 법이다. 윗사람이 또래끼리의 갈등과 폭력에 섣불리 끼어들

어서 좋을 게 없다. 성장통도 제대로 겪어봐야 성숙한 어른이 될 것 아니겠는가. 아이들도 어지간해서는 부모님이나 선생님에게 '자기들끼리 벌어진 일'을 하소연하지 않는다. 그랬다간 '고자질하는 아이'로 손가락질 받을지도 모른다.

한 세대 전만 해도 이렇게 생각하는 것이 '상식(?)'이었다. 그러나 지금은 아니다. 폭력과 따돌림에는 이제 관용도, 용서도 없다. 법적 처벌을 하지 않았다가는 교사까지 징계를 받을 정도다. "아이들 장난 갖고 뭘 그렇게까지 해요?"라고 되묻다간 곤욕을 치를지 모르겠다. 실제로 지금의 학교 폭력은 '아이들 장난' 수준이 아니기 때문이다. 시달림을 견디지 못해 자살하는 학생도 생겨날 정도다.

성장 과정에서 으레 있는 일로 여겨지던 청소년 시기의 괴롭힘과 따돌림이, 왜 지금은 '폭력 사건'으로 다루어질 만큼 심각해졌을까?

엄격한 유아기 vs 따뜻한 유아기

루스 베네딕트의 『국화와 칼』에서는 이 물음에 대한 해답이 엿보인다. 사실, 이 책은 1946년에 나온 일본인에 대한 연구서다. 그러나 우리에게는 마치 '한국 문화 분석'같이 다가온다. 우리와 일본 사이에는 비슷한 점이 많은 까닭이다. 아이 키우는 방식을 설명하는 대목에서는 유사점이 더 크게 다가온다.

루스 베네딕트에 따르면, 일본과 미국의 인생 곡선은 정반대다. 미국에서는 아이를 엄격하게 기른다. 젖먹이 시절부터 아기는 엄마와 떨어져 자야 한다. 식사나 취침 시간 등 생활 규칙도 철저하다. 하지만 커갈수록 아이들의 자유는 점점 늘어난다. 장년에 이르러서는 누구의 눈치를 볼 것 없이 자기 인생을 꾸려나갈 수 있다. 그러다 늙은이가 되면 다시 엄격한 통제를 받는다. 노인 시설 등에서 정해진 일과대로 하루를 보내게 되는 식이다.

반면, 일본 어린이들은 따뜻한 분위기에서 자란다. 아이와 엄마는 하루 종일 살을 맞대다시피 지낸다. 아이는 왕(?)에 가깝다. 버릇없이 굴어도 야단은커녕, 아이가 뭘 알겠느냐며 감싸는 식이다.

그러나 커갈수록 자유는 줄어들고 의무는 늘어난다. 자식으로서, 부모로서, 사회인으로서 해야 할 역할이 촘촘하게 얽혀 있는 탓이다. 장년의 일본인에게는 제 맘대로 할 수 있는 일이 별로 없다. 온통 의무, 의무, 의무뿐이다. 그러다 노년에 이르면 "어린아이와 마찬가지로 부끄러움과 소문에 괴로워하지 않"는 자유로운 상태로 돌아간다. 노인을 공경하는 문화에서는 늙은이의 어지간한 허물은 덮어지기 마련이다.

내가 실패하면 웃음거리가 될 거야

루스 베네딕트에 따르면, '행복한 어린 시절'이야말로 일본 문화를 버티게 하는 힘이다. 아이들은 이 행복한 상황에서 밀려날까 봐 전전긍긍한다. 다 큰 아이가 엄마 젖에 매달릴 때, 일본 어머니들은 이렇게 놀려댔단다. "저 아이 보세요. 너보다 훨씬 동생인데 밥을 먹잖아. 그런데도 넌 아직 젖을 못 떼니 창피하게시리……." 길거리에서 떼쓰는 아이를 놓고는 모르는 어른과 간단한 역할극(?)을 벌이기도 한다. "아저씨, 이 못된 아이 데려가세요. 우리 집엔 이런 애 필요 없어요!"

따뜻하고 편안한 가족 품에서 내몰린다는 사실은 더없이 큰 두려움이다. 남들 보기에도 의젓하고 그럴싸하게 행동하지 않았다가는, 가족들이 자신을 버릴지도 모른다. 그러니 올곧게 자기 처지에 맞게 행동해야 한다.

세상의 이목과 수치(恥)에 축을 세우는 일본인의 영혼은 이렇게 만들어진다. 반면, 자기 역할을 제대로 하고 사람들의 인정을 받으면 어린 시절의 '자유'를 일부 허락받기도 한다. 술자리에서의 실수, 남자의 바람기 등을 별것 아닌 것처럼 여기던 문화를 떠올려보라. 일에서 쌓인 스트레스를 풀려면 그 정도는 눈감아주어야 한다는 분위기다. 루스 베네딕트는 이를 '인정(人情)의 세계'라 부른다. 열심히 제 역할을 한 대가로 아이 때처럼 제멋대로 해도 되도록 허용해주는 격이다.

대신, 이런 모습이 일상에서 나타나서는 안 된다. 생활 속에서는 자식으로서, 부모로서, 사회인으로서 의무를 다하는 태도를 보여주어야 한다. 일본인들의 삶은 자기 것이 아니다. 공부에서도 그렇다. 아이들은 시험을 자신의 실력을 가늠하는 장(場)으로만 받아들이지 않는다. 아이들은 '집안의 대표 선수'로서 시험장에 나선다. 입시의 실패는 가문의 수치를 안기는 일처럼 여겨진다. 중요한 시험에서 죽을 쑤면, 부모님은 몸져눕고 자식 이야기는 쉬쉬하기 마련이다.

학교 폭력은 이런 분위기 속에서 일어난다. 루스 베네딕트는 일본의 학교와 군대에서 벌어지던 숱한 가학 행위를 들려준다. 나이 많은 소년이 후배에게 개처럼 꼬리를 흔들게 하기, 매미처럼 매달리게 하기, 다른 사람들이 밥을 먹는 앞에서 물구나무 시키기 등등. 그들은 왜 이토록 잔인한 일을 벌였을까? 그리고 왜 이런 짓에 당당히 맞서지 못하고 시키는 대로 하게 되었을까?

경쟁이 극심한 상황에서는 주변의 기대를 채워야 한다는 부담감도 크다. 세상의 웃음거리가 될지 모른다는 두려움은 아이들의 뒷목을 늘 잡아당긴다. 배고플 때는 짜증도 잘 부리게 된다. 여러 의무와 부담으로 가슴이 터질 듯 답답한 상황에서는 어떻겠는가? 분노는 결국 터지게 되어 있다. 약하고 만만한 친구가 대부분 그 대상이 되곤 한다.

루스 베네딕트는 일본인의 일상에서 벌어지는 폭력을 매우 주의 깊게 바라본다. 그녀는 이렇게 말한다. "만약 학교나 군대에서 (이런 가학 행위들을) 막을 수 있다면, 이는 천황의 신성(神性) 부정이나 교과서에서 국가주의적 내용을 없애는 것보다 일본에 더 의미 있는 변화를 낳을 것이다."

자기에게 알맞은 위치 찾기

『국화와 칼』에서 언급되는 청소년기 폭력에 대한 논의는 이 정도다. 루스 베네딕트는 어떻게 해야 폭력을 막을 수 있는지에 대해서는 직접 말해주지 않는다. 그러나 그녀의 말을 곱씹어 보면 해법을 찾기란 어렵지 않다.

루스 베네딕트에 따르면, 일본 문화의 핵심은 '각자 알맞은 위치에 놓이는(take one's proper station)' 데에 있다. 어른은 어른으로서의 권리와 의무가 있고, 아이들에게도 마땅한 자기 위치와 역할이 있다. 자기 위치를 찾지 못하고 겉돈다는 사실은 그 자체로 엄청난 수치심을 안긴다. 명절에 누가 제일 고향 가기 싫어하는지를 떠올려보라. 때가 되었는데도 진학하지 못했거나, 직장을 못 구했거나, 가정을 꾸리지 못한 이들이 아니던가?

한편, 자신에게 걸맞은 위치를 찾아야 한다는 부담감은 사회를 굴러가게 하는 힘이기도 하다. 자신에게 맞는 지위에 다다랐을 때, 남들 눈에도 떳떳하고 제대로 인정받는다는 느낌은 무척 중요하다. 이를 얻기 위해 사람들은 아득바득 살아간다.

예전에 학교 폭력이 성장통으로 마무리되었던 까닭은 여기에 있다. 제대로 자기 위치를 찾는 순간, 폭력성은 수그러들기 마련이다. 높은 위치를 차지한다고 해서 제멋대로 할 수 있는 것은 아니다. 일본에도 노블리스 오블리제 문화는 있다. 윗사람으로서 베풀어야 할 배려와 아량이 있어야 한다는 뜻이다. 낮은 위치에 처한다 해도 자기가 따라야 할 처신이 있다. 이런 분위기에서는 폭력적인 행동이 나오기 어렵다.

그런데 만약 마땅한 자기 위치를 찾는 일이 불가능한 경우에는 어떨까? 인터넷에 널리 퍼진 '중산층 별곡'에 따르면, 우리 시대의 중산층 기준은 이렇단다.

"30평(99㎡) 이상 아파트 소유, 월 급여 500만 원 이상, 2000cc급 중형차, 은행예금액 잔고 1억 원 이상, 1년에 한 차례 이상 해외여행 가능."

드라마에 등장하는 시민들의 생활수준이라면 이 정도는 될 듯싶다. 하지만 현실은 다르다. 우리 젊은이들 대부분에게 이는 '불가능한 꿈'에 가깝지 않을까? 번듯한 대학의 입학문은 바늘구멍처럼 좁다. 취업은 또 어떤가. 그럴듯한 일자리는 턱없이 적다. 치열한 스펙 경쟁 속에서 부모들의 교육비 부담은 날로 늘어난다. 이럴수록 아이들에게 쏟아지는 기대치, 아이들이 느끼는 부담감은 높아만 간다.

남부끄럽지 않은 자기 위치를 차지하리라는 희망이 있을 때, 진학과 취업을 둘러싼 스트레스는 '지나가는 과정'일 뿐이다. 그러나 불안한 처지가 언제 끝날지 모를 때는 어떨까? 주변의 기대를 채워줄 만한 적당한 위치를 차지할 가능성이 거의 없다고 느낄 때, 아이들은 어떻게 행동하게 될까?

이쯤 되면 학교 폭력이 왜 성장통 수준에서 그치지 않는지가 분명해진다. 대증요법(對症療法)처럼 위험한 치료도 없다. 대증요법이란 증상에만 매달리는 태도를 말한다. 다리에 통증이 있다고 진통제만 뿌려대는 식이다. 병을 고치려면 원인을 제대로 짚어내야 한다.

학교 폭력도 마찬가지다. 엄하게 처벌한다고 해서 폭력이 사라질까? 이는 마치 굶어죽게 된 사람들한테 음식 훔치지 말라고 닦달하는 것과 똑같다. 학교 폭력을 잡으려면 좀 더 깊게 바라보아야 한다.

학생들에게 비전을 찾아주고 자신에게 알맞은 위치를 갖게 되리라는 희망을 돌려주는 것, 학교 폭력에 대한 진정한 처방전은 여기에 있지 않을까?

인생 목표를 다시 쓰게 하라

"세상이 우리를 보고 있다." 루스 베네딕트가 일본 문화의 핵심으로 짚어낸 문구다. 그녀에 따르면, 서양 문화는 선과 악의 대결 구도로 굴러간다. 내가 옳다고 믿는 일은 영원한 진리다. 상황이 바뀐다 해서 내가 좇는 가치가 변할 수 없다. 일본은 다르다. 일본에서는 '치욕을 피하는 일'이야말로 무엇보다 중요하다. 남들에게 인정받을 수 있다면, 좇는 가치는 얼마든지 변할 수 있다.

루스 베네딕트는 제2차 세계대전을 통해 일본이 크게 배웠으리라고 말한다. 힘으로 세상을 억눌러서 인정을 받지는 못한다. 오히려 손가락질을 받을 뿐이다. 적어도 일본은 이 사실을 깨달았을 거다. 그렇다면 인정받기 위한 새로운 방법은 무엇일까? 루스 베네딕트는 '평화로운 세계 속에서 자기 위치를 찾는 것'이라고 말한다. 일본이 여기에 성공한다면, 또다시 군대와 힘으로 세상의 인정을 받으려는 욕심을 품지 않게 되리라.

루스 베네딕트의 충고를 우리 현실로 가져와보자. 중산층의 기준은 '자기가 차지해야 할 적당한 위치'를 가늠하게 하는 잣대 역할을 한다. 꼭 아파트와 급여, 자동차가 중산층의 '자격증'이 되어야 할 까닭이 있을까?

'중산층 별곡'에 따르면, 프랑스인들의 중산층 기준은 이렇단다. 외국어 하나 정도는 할 수 있을 것. 직접 즐기는 스포츠와 악기가 있을 것. 나름의 요리를 할 수 있어야 하고, 공분(公憤)할 줄 알며, 약자를 도울 것.

만약 중산층을 가늠하는 잣대가 이런 식으로 바뀌면 어떨까? '마땅한 자기 위치를 찾는 일'이 지금처럼 아득하게 느껴지지는 않을 듯싶다. 예부터 동양문화에서는 마음 수양이 매우 중요한 성장 과업이었다. 튼실하고 건강한 영혼을 갖추었다는 사실은 존경받을 충분한 이유가 되었다. 이에 견주면 돈과 명예는 곁다리에 지나지 않았다.

지난 수십 년간 우리는 경제에만 줄곧 매달렸다. 그래서 지금 우리는 행복해졌는가? GNP 2만 달러 시대의 대한민국에서는 1만 달러 때보다 학교 폭력이 줄어들었는가?

목표가 잘못되었을 때는 열심히 달려봤자 소용이 없다. 이때의 노력은 짜증과 분노만 낳을 뿐이다. 목표가 제대로 되었을 때, 이를 이룰 수 있다는 희망이 있을 때 노력은 보람을 낳는다. 그리고 남과 주변을 돌아보고 배려할 수 있는 여유를 안긴다.

학교 폭력은 날로 심각해져만 간다. 학생들이 좇아야 할 '각자의 알맞은 미래 모습'을 '정신적으로 성숙해야 할 목표치'로 다시 정해주는 것이야말로 학교 폭력에 대한 진정한 해결책이 아닐까?

99퍼센트가 승리하는
평가 제도를 만들려면 「아이아스 딜레마」

우리에게는 지혜가 필요하다. 그때그때 상황에 맞추어 상대 입장을 헤아리며
최선을 해법을 찾아야 한다는 뜻이다. 우드러프는 이를 '심리적 정의'라 부른다.
정의가 올곧게 서 있을 때 사람들은 기꺼이 공동체에 남는다.

공정한 절차가
갈등을 키운다?

"열심히 하면 누구나 성공한다."는 말은 거짓이다. 분명
우리의 대학 입시에서는 그렇다. 실력 있는 학생이 많아진다
해서 명문대 정원이 늘어날 리 없다. 입시란 결국 1퍼센트만
이기고, 99퍼센트는 지는 게임이다. 입시의 본질은 승자와
패자를 분명하게 가리는 데 있다.

패자로 남을 99퍼센트는 불만이 가득할 테다. 우리의 입시

는 '엘리트'만 좋은 점수를 받는다고 주장하지 않는다. 대학수학능력시험(수능)도, 대입 논술도 '학교 교육과정을 정상적으로 이수한 사람이면 누구나 풀 수 있게끔' 출제한다고 하지 않던가.

그렇다면 99퍼센트는 고등학교 교육을 '정상적으로' 따라가지 않았다는 소리인가? 왜 열심히 했는데도 자신은 승리자가 되지 못한단 말인가? 볼멘소리가 끊이지 않는다. 곳곳에서 입시가 공정하지 않다는 항의도 쏟아진다. 그때마다 대입제도를 공평하고 투명하게 만들려는 노력이 이어진다. 누가보더라도 실력 있고 발전 가능성 높은 학생이 합격할 수 있게끔 말이다.

하지만 입시의 절차가 객관적이고 투명해지면 불만이 잠잠해질까? 미국 정치철학자 폴 우드러프(Paul Woodruff)는 이 물음에 고개를 가로젓는다. 그에 따르면, 공정한 절차는 되레 갈등을 틔우기도 한다. 경쟁에서 밀린 이들을 위해 '엄밀하고 합리적인 잣대'로 평가를 다시 했다고 해보자. 그럼에도 그들이 순위에서 밀린다는 사실이 바뀌지 않으면 어떻게 될까? 이때 공정한 평가는 패배자들을 '두 번 죽이는 짓'일뿐이다. 가뜩이나 속상한 사람들에게 "당신은 객관적으로 따져보아도 실력 없고 무능합니다."라고 확인해주는 꼴이기 때문이다.

경쟁에서 뒤처진 99퍼센트가 이를 '쿨'하게 받아들일까? 그럴 것 같지 않다. 대개 사람들은 자신이 실패자인 이유를 '제도'에서 찾곤 한다. 내가 실력 없어서가 아니라, 입시 제도에 문제가 있다는 식이다. 평가와 보상이 이루어지는 곳에서는 늘 이런 '변명'이 들리곤 한다. 인사(人事) 시스템이 문제라서 정작 열심히 일한 이들만 찬밥 신세가 되었다는 둥, 엉뚱한 이들이 큰 보상을 받았다는 둥 불평이 이어진다.

밀려난 99퍼센트들은 현실이 불합리하다고 믿고 싶다. 사실이 그렇지 않다 해도 말이다. '피해자'가 되는 편이 '무능력자'로 낙인찍히는 것보다 나은 까닭이다. 제도의 희생자일 때는 동정이라도 받지만, 아무 문제도 비리도 없는 경쟁에서 뒤처졌다고 해보라. 그러면 실패의 책임은 오롯이 자신이 짊어져야 할 테다.

폴 우드러프는 우리에게 좀 더 현명해지라고 충고한다. 무엇 때문에 정의(正義)를 세우려 하는가? 공정한 절차를 세워 합리적으로 경쟁하게 하면 갈등이 사라질까? 정의를 올곧게 세웠는데도 사회에 좌절감만 가득하다면, 그 따위 정의가 무슨 소용 있겠는가?

상은 누구에게 돌아가야 할까?

제일 큰 상은 가장 가치 있는 이에게 주어지기 마련이다. 누가 상을 받는지를 보면, 그 사회가 어떤 가치를 높이 사는지를 알 수 있다. 우리의 입시는 '성실한 노력'을 높이 사는 듯싶다. 수능은 고등학교 교육과정 범위를 넘지 않는다. 최근에는 EBS 교재 안에서 상당 부분을 출제하기까지 한다. 논술 등 대학별 고사도 다르지 않다. 수험생들이 학교 교육만으로도 입시를 준비할 수 있게 하도록 교육 당국은 눈을 치켜뜬다.

이렇게 보면, 우리의 입시에서는 성실하고 우직한 학생이 승리를 거머쥐어야 한다. 하지만 현실은 꼭 그렇지 않다. 입시에서 갖은 꼼수와 편법이 판을 치는 탓이다. 대학들은 우수한 학생을 뽑고 싶어한다. 그래서 대학 자체에서 보는 시험의 난이도를 자꾸만 올려놓는다. 특목고, 명문고 출신들에게 유리한 전형을 슬그머니 끼워 넣기도 한다.

문제는 대학의 이런 모습에 손가락질할 수만은 없다는 데

있다. 폴 우드러프가 말하는 '아이아스 딜레마(Ajax Dilemma)'
를 들어보자.

아이아스 딜레마

아이아스는 트로이 전쟁의 명장(名將)이다. 그는 용감하고
우직했다. 반면, 오디세우스는 꾀발랐다. 그는 번지르르한
말과 번뜩이는 전략으로 적군을 당황시켰다. 트로이를 멸망
시킨 목마를 생각해낸 이도 오디세우스였다.

아킬레우스가 발목에 화살을 맞고 죽자, 그의 갑옷을 놓
고 논쟁이 벌어졌다. 가장 뛰어난 군인에게 아킬레우스의 갑
옷을 주어야 한다는 점에서는 모두의 의견이 같았다. 그런데
누가 가장 우수한 군인일까?

아이아스는 늘 병사들의 모범으로 칭찬받았다. 병사들의
사기를 높이기 위해서는 아이아스에게 갑옷을 주어야 옳다.
병사들은 아이아스처럼 성실하면 누구나 보상을 받는다는
믿음을 갖게 될 테다.

그러나 그리스군으로서는 오디세우스가 더 소중하다. 아
이아스 같은 군인은 많다. 설사 그가 죽더라도, 그 자리는 다

른 병사가 채워주면 그만이다. 오디세우스의 경우는 다르다. 그의 뛰어난 머리는 누구도 대신할 수 없다. 오디세우스는 우리 편에 꼭 있어야 할 사람이다.

논란이 이어지자, 그리스군 사령관 아가멤논은 '공정한 절차'를 앞세웠다. 전통에 따라, 아이아스와 오디세우스가 평가자들 앞에서 연설을 해야 했다. 그리고 누가 갑옷을 받아야 할지는 투표에 붙였다.

그 결과는 오디세우스의 승리였다. 아이아스는 눈이 뒤집혔다. 흥분한 그는 소리를 질러댔다. 도대체 나는 무엇을 위해 용감하게 싸웠단 말인가? 나의 성실함 덕에 그대들이 목숨을 구하지 않았던가? 그럼에도 왜 별다른 노력을 안 보였던 오디세우스에게 상을 주었는가?

사람들은 난감해했다. 사실, 오디세우스에게 갑옷을 주자는 판단은 옳았다. 그가 실망해서 떠나버리면 전쟁 판세가 기울어질 수도 있다. 그렇다고 아이아스의 불만도 무시하기 힘들다. 아이아스는 병사들 대부분을 대표하기도 했다. 꾸준하고 정직하게 노력한 병사가 보상받지 못한다면, 앞으로 누가 열심히 싸우려 하겠는가?

아이아스의 문제는 우리 현실이기도 하다. 대부분의 사람들은 아이아스처럼 살아간다. 그러나 사회에는 오디세우스 같은 인재가 꼭 필요하다. 이들에게 마땅한 보상을 해주지 않을 때, 그들은 자신의 뛰어남을 굳이 펼치려 들지 않을 것이다. 심지어 불만을 느껴서 우리 사회를 떠나버릴지도 모른다.

그렇다고 평범한 보통 사람들을 무시하고 그들만 챙길 수도 없다. 평범하고 성실한 대다수의 사람들의 '상대적 박탈감'은 사회 불안으로 이어지기도 한다. 폴 우드러프가 말하는 '아이아스 딜레마'는 이런 상황을 말한다.

우드러프의 심리적 정의

딜레마를 풀려면 어떻게 해야 할까? 폴 우드러프는 해법으로 '심리적 정의(正義)'를 내놓는다. 갈등이 생길 때 사람들은 합리적인 절차와 원칙에 매달리곤 한다. 누구나 납득할 기준을 만들고 이를 지키면 문제가 해결되리라는 식이다. 하지만 원칙이 되레 분란을 일으키는 경우도 많다.

우드러프는 일관된 원칙에 매달리는 모습을 좋게 보지 않는다. 사람마다 나름의 사연이 있기 마련이다. 상황과 처지도 그때그때 다르다. 원칙과 정해진 절차만 따른다면, 인간이 기계와 다를 바가 뭐가 있겠는가?

우리에게는 지혜가 필요하다. 상황에 맞추어 상대 입장을 헤아리며 최선의 해법을 찾아야 한다는 뜻이다. 이것이 우드러프가 말하는 심리적 정의다. 정의는 그 자체로 중요한 게 아니다. 정의는 공동체를 지키기 위해 필요할 뿐이다. 정의가 올곧이 서 있을 때, 사람들은 기꺼이 공동체에 남는다.

한편, 정의가 무너진 곳에서는 실망과 분노가 가득하다. 이래서는 공동체를 꾸려나가기 어렵다. 사람들은 공동체보다 자신을 먼저 챙기려 든다. 그런데 사람들 각자에게 정의로운 공동체는 무엇일까? 우드러프는 '동정심'을 강조한다. 원칙과 함께 각각의 처지를 충분히 헤아려 판단을 내리라는 뜻이다.

신화 속에서 아이아스는 결국 자살을 택한다. 그가 죽자, 시체를 제대로 묻어주어야 하는지를 놓고 또 한번 논쟁이 벌어진다. 사령관 아가멤논은 주검을 들판에 버려야 한다고 주장한다. 사령관의 판단에 맞선 이에게는 그렇게 하는 것이 '원칙'이기 때문이다. 하지만 이렇게 하면 아이아스를 따르던 병사들이 실망하여 그리스군을 떠날지도 모른다. 고집 피우는 아가멤논에게 오디세우스는 절묘한 해법을 내놓는다.

"'반역을 꾀한 자는 시체를 거두지 말고 수치를 당하게 하라'는 원칙이 있소.……그러나 내가 가장 좋아하는 원칙은 이것이오. '그가 다름 아닌 아이아스이니 주검을 거두어 명예롭게 하라.' 오직 이번 한 번만 통하는 원칙이오."[1]

우드러프는 오디세우스의 판단을 '모범답안'처럼 내놓는다. 이를 우리의 대학 입시에 견주어보자. 아마도 '입학사정관제도'가 우드러프의 심리적 정의에 가까울 듯싶다. 입학사정관제도는 객관적인 성적뿐 아니라 개개인의 처지와 형편, 소질과 적성을 헤아려 학생을 뽑는다고 하지 않던가.

존중과 배려가 충만하게 하라

하지만 우드러프의 말에 바로 고개를 끄덕이기는 쉽지 않다. 핑계 없는 무덤이 어디 있던가. 인정(人情)에 휘둘리다 보면 제대로 평가를 내리기란 무척 힘들어진다. 입시처럼 승자와 패자를 분명하게 가려야 하는 경우에는 더 그렇다.

여기서 우드러프는 또 다른 혜안을 던진다. 그는 '존중'과 '명예'는 다르다고 힘주어 말한다. 갑옷을 받지 못한 아이아스는 왜 펄펄 뛰었을까? 단지 갑옷이 탐나서였을까? 그렇지 않다. 갑옷은 '명예'를 뜻한다. 자신이 충분히 인정받지 못했다는 서운함에 감정이 폭발했던 거다.

만약 평소에 아이아스의 노력을 충분히 '존중'해주었다면 어땠을까? 그때그때 아이아스에게 고마움을 전하고, 정말 우리에게 소중한 사람이라고 보듬어주었다면 아이아스의 섭섭함은 훨씬 덜했을 것이다.

충분히 존중받은 사람은 다른 동료가 명예를 차지해도 기꺼이 박수를 보낸다. 상을 받지 못해도 자신이 존중받고 있음을, 공동체에서 소중한 존재임을 알기 때문이다. 마땅히 받았어야 할 배려와 인정을 받지 못하는 사람은 명예에 절절하게 매달리곤 한다. 커다란 명예를 차지해서 헛헛한 가슴을 단박에 채우려 하는 탓이다.

사람에게는 누구나 사랑이 필요한 법이다. 그런데 자기 몫이어야 할 명예가 다른 사람에게 주어지면 어떨까? 공동체에 대한 정이 뚝 떨어지고 말 것이다. 섭섭하고 분한 마음에 명예를 누리는 승자에게 저주를 퍼부어댈지도 모른다.

우리의 입시판도 다르지 않다. 10년이 넘는 학창 시절 동안, 학생들이 학교에서 제각각 소중하고 가치 있는 존재로 배려받고 사랑받았다면, 입시에 성공한 1퍼센트에게 기꺼이 큰 박수를 보낼지도 모른다. 무시당하고 존재감 없이 늘 주변으로 내몰리던 상황이었다면 입시에서 살아남은 1퍼센트에게 축하를 보낼 수 있을까?

인간은 애정을 먹고 크는 나무와 같다. 누구에게나 성장에 필요한 애정과 관심의 절대량은 채워져야 한다. 우리 학생들은 과연 충분한 배려와 사랑을 받고 있을까? 우리 학생들은 만성적인 애정 결핍 상태다. 입시 문제의 해법을 찾는 일은 영양실조에 걸린 99퍼센트의 영혼들을 다독이는 일에서부터 출발해야 한다.

---

1 폴 우드러프 지음, 이은진 옮김, 『아이아스 딜레마』, 원더박스, 2013, 97~98쪽. 인용 문장은 본문 문투에 맞게 지은이가 윤문한 것임.

5부

나만의 삶을
음미하는
시간

남의 눈치 안 보고
살아가기 『과거의 거울에 비추어』

관계를 닦고 가꾸는 데도 시간과 노력이 필요하다.
그러나 우리는 관계를 대신할 서비스를 살 돈을 버는 데 많은 힘을 쏟는다.
그럴수록 사람들과의 애정은 희미해진다.

돈 걱정 없이
살 수는 없을까?

소시민으로 살기도 쉽지 않은 세상이다. 사람을 만나는 일
은 모두 '돈'이다. 남들만큼 입고 비슷하게 쓰는데도 지출이
만만찮다. 차를 마시고 식사를 하는 것만으로도 돈이 수월찮
이 든다. 초라하지 않을 만큼 입성을 갖추고 남들만큼만 생
활을 하는데도 늘 지갑은 비어 있기 마련이다.

그럴수록 내 봉급은 쥐꼬리만 하게 느껴진다. 하지만 지금

수준으로 벌이를 이어가기도 버겁다. 정리해고가 일상이 된 지는 이미 오래다. 새롭게 직장을 얻기가 좀 어렵던가. 그래서 나는 오늘도 스펙을 쌓아 나의 '상품 가치'를 높이려 아득바득 산다.

이런 일상이 이어지다 보면 가슴이 답답해진다. 나는 최선을 다해 살았다. 그럼에도 생활은 왜 늘 쪼들릴까? 기술은 날로 발전하고 생활수준도 높아지고 있단다. 그런데도 내 살림살이는 왜 날로 퍽퍽해질까? 왜 나는 남들에게 뒤지지 않으려 애를 쓰며 얄팍해지는 주머니를 근심해야 할까? 돈 걱정 없이 남 눈치 안 보며 당당하게 사는 길은 없을까?

▌내 사전에 '인간다운 생활'은 없다

철학자 이반 일리치(Ivan Illich)는 이런 고민에 통찰을 안긴다. 사회가 풍요로워질수록 사람들은 '불구'가 된다. 문명의 편리한 도구들은 '장애인을 위한 목발'과도 같다. 이 무슨 말일까?

예를 들어보자. 세탁기는 무척 편리한 물건이다. 그러나 세탁기가 고장 났을 때는 어떨까? 태어나서 한 번도 손빨래를 안 해본 이들을 만나는 일이 드물지 않은 요즘이다. 이들에게 망가진 세탁기는 '재앙'처럼 다가온다. 전기밥솥이 고장 나서 냄비를 사용해 물 맞추고 불의 세기를 조절해가며 밥을 지어야 할 때는 어떤 기분이 들던가?

주변에는 배수구를 막아버린 머리카락을 들어내지 못하고 전구 하나 못 가는 사람들 천지다. 이 모두를 처리해주는 '친절한' 기업들에 의존하는 탓이다. 이렇듯 우리는 문명의 편리함에 젖어 스스로 아무것도 못하는 '불구'가 되어간다. 그러나 '목발' 역할을 해주는 그 어떤 서비스도 공짜가 아니다. 혜택을 누리려면 돈을 내야 한다. 그러니 돈이 늘 부족할 수밖에 없다.

일리치에 따르면 교육이란 '결핍을 가르치는 것'이 되어버렸다. 우리는 '인간다운 생활'을 하려면 이러저러한 문명의 혜택을 마땅히 누려야 한다고 배운다. 위생적인 식사를 해야 하고, 스포츠도 하고 문화생활도 누려야 한다. 그런데 시민의 평균 수준을 유지하는 데도 녹록찮게 돈이 든다. 이 모두를 할 수 없을 때 우리는 불쌍한 인간이 되어버린다. 일리치는 '결핍을 인정받을 권리'가 시민의 의무처럼 되었다고 한숨을 쉰다. 이렇게 교육받은 우리는 어떤 삶을 살고 있는가?

소비자와 생산자로 사는 삶이란

"높은 1인당 에너지 소비와 극도의 전문 서비스를 바탕으로 하는 개발이……가장 큰 해악입니다.……신생아를 토해내고 죽어가는 사람을 다시 빨아들이는 병원, 취업 전·간·후의 무직자가 바삐 지내도록 운영되는 학교, 슈퍼마켓으로 오가지 않는 동안 사람들을 보관하는 고층 아파트, 차고와 차고를 이어주는 고속도로 등이 풍경 속에 문신처럼 새겨졌습니다. 분유 세대가 의료원으로부터 학교로, 사무실로, 경기장으로 일평생 내몰려 다니도록 설계된 이런 시설은 이제……이상해 보이기 시작했습니다."[1]

어느덧 우리는 소비자로서의 삶을 살게 되었다. 대부분의 사람들은 병원의 '고객'으로 태어나서 '교육 수요자'로서 학교를 다니고, 먹거리와 입성, 집이라는 상품의 소비자로서 평생을 산다. 또한, 인생의 절반은 상품을 만들어내는 '노동자'로 살아야 한다. 일리치는 이제 집은 '노동자를 밤새 보관해 두는 수납창고'가 되어버렸다며 고개를 떨군다.

소비자도, 생산자도 되지 못하는 처지라면 어떨까? 돈이 없을 때 우리는 어떤 활동에도 당당하게 끼어들기 어렵다. 생산자가 되지 못할 때에는 문제가 더 심각하다. 돈이 없으면 우리는 삶을 꾸려갈 방법이 없다. 그래서 우리는 더더욱 돈에 매달린다. 하지만 돈이 많아서 이 모두에서 자유로워진 삶은 어떤 모습일까?

"개발 때문에 입는 피해를 막아내는 것이……더 간절히 원하는 특권이 되었습니다. 혼잡한 시간대를 피해 출퇴근할 수 있으면 성공한 것이고, 집에서 아이를 낳을 수 있다면 분명 명문 학교를 다녔을 것이며……맑은 공기를 마실 수 있으면 부자에다 운이 좋은 것이며, 판잣집이라도 지을 수 있다면 절대 가난하다 할 수 없습니다."2

한갓진 나다님과 맑은 공기가 이제는 특권이 되었다. 하지만 이는 우리 조상들이 자연스럽게 누리던 것이 아니던가? 이제 이 모두는 돈이 충분히 있어야 누릴 수 있는 것이 되었다. 이런 상황에서 돈 걱정 없이 눈치 안 보고 살기는 아주 어렵다.

그렇다면 이런 상황에서 벗어나려면 어떻게 해야 할까? 일리치는 "생태학적 인류학적 현실주의가 필요하다."고 힘주어 말한다. 우리의 생활을 편리하게 하는 도구와 서비스들을 인류 모두가 누릴 수는 없다. 천연 자원은 이미 바닥을 드러내고 있다. 우리는 이런 고갈되는 자연을 '현실적으로' 냉정하게 바라보아야 한다. 문명이라는 목발 없이도 살 수 있는 능력을 길러야 한다는 뜻이다.

또한, 인간에게는 공동체가 있어야 한다. 일리치는 '공용(公用)'의 가치를 새삼 떠올린다. 옛 골목을 예로 들어보자. 골목은 마을의 '광장'이기도 했다. 아이들은 그곳에서 뛰어놀았다. 어른들은 평상을 펼쳐놓고 소일거리를 하거나 도란도란 이야기를 나누었다. 돈이 돌지 않아도 마을의 크고 작은 일들은 공동체 안에서 꾸려졌다. 경험 많은 할머니의 도움으로 아이도 집에서 낳았고 장례도 집에서 치렀다. 어른은 선생님이자 동료였다.

공동체는 '얼마나 필요한 인간인가'로만 나의 가치를 재지 않는다. 공동체 구성원은 누구나 그 자체로 소중한 인연들이다. 모두는 미운 정, 고운 정으로 엮인 고마운 존재다. 경제적인 가치가 없다고 해서 누군가를 내칠 수는 없다. 그렇다면 스스로에게 되물어보라.

"나에게는 이익 없이도 소중하게 여기고 돌봐주고픈 이들이 얼마나 되는가? 나를 이렇게 대해주는 사람들은 얼마나 되는가?"

오히려 그대는 스펙을 좇느라 주변의 살가운 관계들을 소홀히 하고 있지는 않은가? 관계를 닦고 가꾸는 데도 시간과 노력이 필요하다. 그러나 우리는 관계를 대신할 서비스를 살 돈을 버는 데 더 많은 힘을 쏟는다. 그럴수록 나를 둘러싼 사람들과의 애정은 희미해진다.

이익과 손해를 가늠하며 서로를 대하는 분위기에서는 누구도 주체적으로 살기 어렵다. 달면 삼키고 쓰면 뱉는 상황, 나는 상대의 마음에 들기 위해 전전긍긍할 수밖에 없다. 내가 더 쓸모 있는 존재가 된다 해도 처지는 바뀌지 않는다. 필요 없어지면 나는 언제든 내쳐질 테다.

반면, 정으로 다져진 관계 속에서는 눈치 보는 일이 드물다. 서로가 불편하지 않으려는 '배려'가 있을 뿐이다. 그대의 삶은 어느 쪽의 관계에 방점을 두고 있는가? 주체적으로 살고 싶다면 이익이 아닌 애정으로 관계를 빚을 일이다.

1 이반 일리치 지음, 권루시안 옮김, 『과거의 거울에 비추어』, 느린걸음, 2013, 125쪽.
2 같은 책, 122쪽.

돈의 달인이
되는 법 「돈의 달인 호모 코뮤니타스」

돈에 집착하는 부자는 외롭다. 반대로, 외로운 부자는 돈에 매달린다.
온기 없는 황량한 세상, 믿을 것은 돈밖에 없는 탓이다.
정겨운 친구와 이웃을 만들 줄 아는 사람은 돈에 덜 매달린다.

돈 걱정 좀
안 해봤으면

돈에 쪼들리지 않는 사람은 없다. '88만원 세대'에게 정규직은 '로망'이다. 안정된 수입을 안기는 까닭이다. 하지만 정규직이 되면 돈 고민에서 해방될까? 그렇지 않다. 수입이 늘수록 지출도 커지는 법. 학자금 대출, 주택 마련 자금, 각종 경조사비 등등 돈 들어갈 곳은 늘어만 갈 테다.

승진하고 더 많은 수입을 올리면 어떨까? 그래도 사정은 달라지지 않는다. 벌이가 많아지면 품위 유지(?)에도 적잖이 돈을 써야 하는 탓이다. 남들이 골프를 치면 나도 쳐야 할 듯 싶고, 외제차도 몰아야 할 것 같다. 안 그러면 나만 뒤떨어지는 듯해서다. 날로 높아지는 소비 수준, 부자들도 늘 돈이 부족할 수밖에 없겠다.

그렇다면 우리는 도대체 돈이 얼마나 많아야 쪼들리지 않고 살 수 있을까? 수백억, 수천억쯤 벌게 되면 나는 돈에서 자유로워질 수 있을까?

돈 없이는 아무것도 못하는 세상

이런 물음에 고전평론가 고미숙은 고개를 흔든다. 떼돈을 번다고 상태가 나아지지는 않는다. 엄청나게 많은 돈은 되레 재앙이 될 뿐이다. 고미숙은 『열하일기』에 나오는 이야기를 들려준다.

옛날에 도적 세 명이 함께 남의 무덤 하나를 파서 금을 도적질하고는 자축도 할 겸 술을 한 잔 마시기로 했다네. 그중 한 명이 선뜻 일어나 술을 사러 가면서 마음속으로 생각했지. "하늘이 시키는 좋은 기회로구나. 금을 셋이 나누는 것보다는 내가 독차지하는 것이 좋지 않은가." 그러고는 술에 독약을 타 가지고 돌아왔어. 그런데 오자마자 남아 있던 도적 둘이 갑자기 일어나서 그를 때려 죽여 버렸지. 그런 다음 둘은 술과 음식을 배불리 먹고, 금을 반분했는데 얼마 못 가 함께 무덤 곁에서 죽고 말았지. 그 후 그 금은 길옆에서 굴러다니다가 누군가의 손에 들어가게 되었고, 그걸 얻는 자는 하늘에 감사드리면서도 이 금이 무덤 속에서 파내어졌고, 독약을 먹은 자들의 유물이며, 또 앞사람 뒷사람을 거쳐 몇 천 몇 백 명을 독살했는지는 상상조차 하지 못했을 거야.1

돈에는 숱한 인연이 묻어 있다. 돈이 꼬이는 곳에는 불안과 다툼도 몰려들기 마련이다. 돈 때문에 엉망이 된 친구, 가족 사이가 하나둘이겠는가. 돈은 끊임없이 갈등과 분란을 낳는다. 로또 맞아서 부자 되는 사람 없다. 벼락부자들의 최후가 어떤지를 살펴보라. 헛헛한 마음은 낭비를 부르고, 삶은 고독 속에서 무너진다. 부유함이 곧 행복은 아니라는 점을 쉽게 알아챌 수 있을 것이다.

그럼에도 사람들은 여전히 돈에 아득바득한다. 돈이 많으면 행복해질 것처럼 말이다. 그래서 고미숙은 말한다. "재산이 많은 것과 풍요롭게 사는 것은 전혀 다른 개념이다." 하지만 안타깝게도 우리는 이미 돈 없이는 아무것도 못하게 된 세상에 살고 있다.

사람들은 이제 대부분 병원에서 태어나서 병원에서 죽는다. 태어나고 죽는 데도 돈이 드는 셈이다. 삶은 말할 나위도 없다. 친구를 사귀는 데도, 무엇을 배우는 데도 끊임없이 돈이 필요하다. "이 시대에 관계를 맺기 위해서는 소비하는 수밖에 없다." 하나부터 열까지 돈이 있어야 되는 구조다. 그러니 사람들이 돈에 매달릴 수밖에 없겠다.

우리가 돈에 허덕이는 이유는 여기에서 그치지 않는다. 우리의 소비 패턴은 '서울 중산층의 삶'이라는 기준이 지배하고 있다. 아파트에 자가용, 인테리어에서 쇼핑 코스까지, 우리는 '소득 수준이 어느 정도면 어느 수준의 소비를 한다'는 잣대에 따르는 삶을 산다. 그럴수록 우리의 주머니는 쪼들리기만 한다. 영화나 드라마에서 그려지는 중산층의 삶이 실제 '중산층'에게 얼마나 버거운지 떠올려보라. '평균적인 삶'은 우리에게 늘 무리한 소비를 요구한다.

돈을 제대로 쓰는 법

하지만 우리가 꼭 이렇게 살아야 할까? 고미숙에 따르면 전혀 그럴 필요가 없다. 그녀는 '돈을 제대로 쓰는 법'을 익히면 돈에 휘둘리지 않고도 살 수 있다고 잘라 말한다. 모든 것이 돈으로만 이루어지지 않는 관계를 가꾸라는 뜻이다.

사실, 옛날 사람들에게는 지금처럼 돈이 절실하지 않았다. 생활이 마을과 가족 단위로 이루어졌기 때문이다. 일손이 필요할 때는 일품을 서로 주고받고, 쌀이 떨어지거나 물품이 부족할 때는 서로 빌려주고 되갚기를 거듭했다. 이러는 가운데 사람 사이의 정도 두터이 쌓여갔다.

줄 수 있을 때 주고 필요할 때 도움을 받는 '증여'의 삶은 돈에 대한 집착을 줄여놓는다. 이는 '상식'과도 통한다. 예를 들어보자. 훌륭한 상인은 눈앞의 이익보다 손님과 좋은 관계를 맺는 데 더 신경을 쓴다. 거래가 이번 한 번으로 끝나지 않으리라 믿는 까닭이다. 설사 손해를 봤다 해도, 상인에게서 좋은 인상을 받은 손님은 다시 찾아오게 되어 있다. 세월이 갈수록 서로에 대한 신뢰는 점점 두터워진다. 그 가운데 이익은 절로 쌓여간다. 좋은 상인은 이익보다 정직과 신뢰에 방점을 둔다. 돈에만 매달릴 때는 정직도 신뢰도, 사람도 달아난다. 반면, 정직과 신뢰와 우정을 가꾸면 돈은 절로 따라붙는다. 이게 돈을 돌게 하는 세상의 이치다. 상인과 손님이 단골 관계로 촘촘하게 얽힌 전통시장은 '공동체(community)'에 가까웠다. 누구도 '돈 돈' 하며 애달아하지 않았음에도 살가운 인간관계 속에서 돈도, 생활도 굴러갔다.

따뜻한 관계는 필요 없는 소비도 줄인다. 친밀한 사이에서는 '과시를 위한 소비'가 좀처럼 일어나지 않는다. 같이 사는 친구나 가족을 놔두고 나 홀로 비싼 옷 입고 고급 음식점을 가기란 쉽지 않다. 상대방에게 위화감과 좌절을 안길까 저어되어서다. 오래된 연인 사이도 다르지 않다. 처음 만날 때는 비싼 곳에서 돈을 들여 데이트를 하지만, 관계가 무르익을수록 실속 있는 장소를 찾는다. 서로 허세를 부릴 까닭이 없어졌기 때문이다.

이렇듯 가까운 관계, 살가운 사이는 돈에 대한 집착과 소비로 과시하고픈 욕망을 줄인다. 그렇다면 '공동체'야말로 돈에 대한 집착을 내려놓게 하는 치료제가 아닐까?

돈보다 관계가 먼저다

돈에 집착하는 부자는 외롭다. 반대로, 외로운 부자는 돈에 매달린다. 온기 없는 황량한 세상, 믿을 것은 돈밖에 없는 탓이다. 정겨운 친구와 이웃을 만들 줄 아는 사람은 돈에 덜 매달린다. 내가 어려울 때 주변 사람들이 나를 도와주리라 믿기 때문이다.

돈에서 자유로워지려면 정을 나누며 온기 넘치는 관계를 가꿀 수 있어야 한다. 관계가 넓고 따뜻한 사람 주변에는 돈이 늘 흘러 다닌다. 함께하는 일이 많을뿐더러, 그와 일을 같이 하고 싶어하는 사람도 많은 덕분이다. 그래서 이들은 자연스레 '돈의 달인'이 된다. 도움을 주고받을수록 관계는 두터워지며, 돈도 자연스레 흐름을 탄다.

돈은 돌고 돌아야 한다. 관계가 끊긴 돈은 불행을 부른다. 개인주의가 판치는 부자 나라에 우울증 환자가 많은 데는 다 이유가 있다. 돈에 치이며 살고 싶지 않다면, 돈보다 사람 사이에 더 마음을 기울일 일이다. 돈보다 관계가 먼저여야 한다.

---

1 고미숙 지음, 『돈의 달인 호모 코뮤니타스』, 북드라망, 2013, 209쪽.

나는 왜 명품에
끌릴까 『사물의 언어』

멋진 옷보다 '나다운 옷'을 골라 입어보라.
당당함은 자신이 가장 자기답다고 느끼는 순간에 나오는 법이다.
그대의 스타일은 자신이 어떤 사람이라고 세상에 말하려고 하는가?

패션은
연금술이다?

인생은 밥 먹고 사는 것만으로 충분하지 않다. 사람들은
'꼭 필요한 사치'를 위해서라면 차라리 식비를 줄이는 쪽을
택한다. 낡은 교복이 창피해 학교 가기 싫어진 아이의 심정을
헤아려보라. '꼭 필요한 사치'가 무엇인지 감이 잡힐 것이다.

어떤 이들은 이런 모습을 한심하게 여길지 모르겠다. 마음
이 올곧고 아름다우면 됐지, 겉모습이 뭐 그리 중요하냐면서

말이다. 건축가 르 코르뷔지에도 이렇게 말했단다. "건물에 있어 스타일은 여성 모자에 달린 깃털 정도의 의미밖에 없다." 한마디로 대수롭지 않다는 뜻이겠다.

하지만 이는 현실을 모르는 소리다. 스타일은 생활에서 매우 중요하다. 디자이너 데얀 수직(Deyan Sudjic)에 따르면 '패션은 연금술과도 같다.' 보기 좋은 떡이 먹기도 좋다고 하지 않던가. 똑같은 쓰임새를 지닌 물건이라도 세련되고 멋진 모양새를 한 것이 더 비싸기 마련이다. 예쁘고 잘생긴 사람은 더 능력 있다는 평가를 받곤 한다.

거리는 늘 멋쟁이들로 가득하다. 번듯한 입성, 유명 브랜드의 가방이나 신발은 '필수 아이템'이 된 듯한 느낌이다. 백화점에 걸린 옷들의 가격은 입이 딱 벌어질 정도다. 그런데도 세상에는 비싼 옷들을 입고 다니는 사람들이 왜 저리도 많을까? 자꾸만 자신이 초라하게 느껴진다. 아무리 돈이 없어도 명품 가방이나 지갑 하나쯤은 장만해야 할 듯싶다. 한편으로는 이런 것에 매달리는 자신이 한심스럽기도 하다. 그래도 어쩌겠는가. 세상살이란 비교의 연속이다. 남들이 다 가지고 있으면 나도 하나쯤은 있어야 당당하게 어깨 펴고 다닐 수 있을 듯싶다.

왜 항상 입을 만한 옷이 없을까?

데얀 수직은 이런 고민에 휩싸인 이들에게 조용히 말을 건넨다. 그대의 옷장을 열어보라. 입지 않는 옷들이 한가득일 것이다. 그럼에도 입을 만한 옷은 늘 마땅찮다. 옷들이 낡아서일까? 물론 그렇지 않다. 그럼에도 옷장 가득한 옷들이 왜 촌스러워 보이고 입기 싫어질까?

데얀 수직은 그 이유를 '소비자 공학'에서 찾는다. 소비자 공학은 사람들의 지갑을 열게 만드는 기술을 말한다. 그의 설명을 더 들어보자.

"상품은 자동차나 안전 면도날처럼 우리가 사용하는 상품과, 치약이나 소다 비스킷처럼 소비하는 상품의 두 부류로 나뉜다. 소비자 공학은 현재 우리가 단순히 사용만 하고 있는 종류의 상품을 소비하는 상품으로 바꾸어야 한다."[1]

원래 물건의 가치는 오래될수록 높아지기 마련이다. 칼날을 여러 번 벼린 부엌칼, 오래 써서 모서리가 닳은 수동식 카메라 등을 떠올려보라. 오랜 세월은 그 자체로 기품과 권위를 나타낸다. 수백 년 된 종갓집 가옥에는 최신식 건물이 따라가지 못할 품격이 있다.

원래 유럽 사회에서 "가구를 새로 사야 하는 사람"이라는 표현은 '근본도 없는 뜨내기'라는 뜻의 욕으로 쓰였단다. 제대로 된 집안이라면 으레 조상 대대로 물려 쓰는 튼실한 가구가 있기 마련이었다.

산업사회는 이런 생각을 뒤엎어버렸다. 경제는 물건이 팔려야 돌아간다. 오래된 것은 고루하고 나쁘다. '신상'이 멋지고 세련된 것이다. 유행은 계속 바뀌고, 여기에 따라가지 못하는 사람은 뒤처진 듯 여겨진다. 그러니 서랍 가득히 물건들이 넘쳐나도, 나는 또다시 무언가를 사야 한다는 조바심이 들 수밖에 없다.

명품이 내 가치를 떨어뜨린다!

하지만 세상의 소비 속도에 맞추는 삶은 늘 헛헛하다. 오래 쓴 물건에는 애착이 생긴다. 버려야 할 때는 죄책감이 들기까지 한다. 물건 자체가 나의 일부처럼 되어버린 까닭이다. 끊임없이 신상품을 사대는 상황에서 이런 애정이 생길 수 있을까? 주변을 새로운 물건으로 채울수록 마음은 더 불안해진다.

패션은 자신이 누구인지 나타내는 수단이기도 하다. 청바지를 즐겨 입는 사람과 늘 정장 차림인 사람을 견주어보라. 자신이 쓰는 물건들과 함께 세월을 쌓아가는 사람들은 자신의 색채가 갈수록 뚜렷해진다. 자신만의 '패션 코드'가 생기는 덕분이다. 반면, 끊임없이 자신을 새로운 것으로 가꾸는 사람은 자신의 정체성이 모호해진다. 내 몸에 명품이나 브랜드 제품이 없을 때는 자신감이 사라질 정도다. 그래서 더 소비에 매달린다.

하지만 명품 가방을 들고 명품 옷을 입으면 내 가치가 올라갈까? 데얀 수직은 고개를 가로젓는다. 휴대폰을 보석으로 장식했다고 생각해보자. 휴대폰은 6개월만 지나면 벌써 구닥다리 취급을 받는 물품 아니던가. 이때 휴대폰의 가치는 보석으로 높아지지 않는다. 오히려 보석의 가치가 휴대폰 때문에 떨어질 뿐이다.

내가 목매다는 명품도 그렇지 않을까? 나만의 패션 코드와 멋이 있을 때에야 명품도 빛을 발한다. 나의 스타일에 특징도, 영혼도 없을 때는 되레 내가 명품의 가치를 떨어뜨릴 뿐이다. 나 자신도 사람들에게 천박한 속물로 보일 테다.

나의 스타일은 나를 말해주고 있는가

데얀 수직은 패션은 자신을 나타내는 '언어'라고 말한다. 그는 옛 소련과 미국의 우주선을 예로 든다. 두 나라 우주선의 기능은 똑같다. 그러나 모양새는 전혀 다르다. 잠수선을 닮은 모양새와 매끈한 리무진을 떠올리게 하는 외모의 차이는 사회주의와 자본주의의 차이를 그 자체로 보여준다.

그렇다면 나의 스타일은 내가 어떤 사람임을 세상에 말해주고 있는가? 드라마에서 꽃미남 부자 청년들이 빠져드는 소녀들은 어떤 캐릭터이던가? 가난하지만 당당하고 자신감 넘치는 소녀다. 명품으로 휘감은 귀족 소녀가 아니다. 이런 부류는 대개 질투심에 가득 찬, 소녀의 경쟁자로 그려질 뿐이다.

드라마 속 주인공의 모습은 없는 사람들의 대리만족을 위한 설정만은 아니다. 유행하는 드라마들은 패션의 진실을 살며시 보여준다. 그대는 어떤 사람으로 세상에 보이고 싶은가? 멋진 옷보다 '나다운 옷'을 골라 입어보라. 당당함은 자신이 가장 자기답다고 느끼는 순간에 나오는 법이다. 그대의 스타일은 자신이 어떤 사람이라고 세상에 말하려고 하는가? 오랜 세월 갈고 닦은 나만의 색채는 그 어떤 보석보다도 강렬한 만족감을 안긴다. 끊임없이 자신의 이미지를 생각하며 자기만의 패션을 만들어갈 일이다.

1 데얀 수직 지음, 정지인 옮김, 『사물의 언어』, 홍시, 2012, 23쪽.

철학적인
다이어트란 『온 삶을 먹다』

다이어트는 개인적인 문제가 아니다.
이는 문명 전체가 건강해지느냐 불행해지느냐가 달린 중대한 문제다.
늘어지는 뱃살은 자연과 사회 전체에 죄를 짓는 일이다.

늘어진 뱃살은
죄악이다

　다이어트는 온 국민의 고민이 되다시피 했다. 거리에는 온 갖 먹거리의 유혹이 넘쳐난다. 정신줄 놓고 있으면 허리띠 한두 칸 늘어나는 것은 금방이다. 다이어트 관련 산업도 날 로 번창하고 있다. 식이요법, 헬스클럽 등 체중을 줄이고 몸 매를 잡아준다는 광고도 곳곳에서 눈길을 잡아끈다.

　늘어나는 체중이 인류의 고민인 적은 지금까지 한 번도 없었다. 우리는 역사상 가장 풍성한 식탁을 누리는 세대다. 이렇게 보면 우리는 '행복한 고민'을 하고 있다 해도 좋겠다. 하지만 농부이자 문명비판가인 웬델 베리(Wendell Berry)의 생각은 다르다. 다이어트는 개인적인 문제가 아니다. 이는 문명 전체가 건강해지느냐 불행해지느냐가 달린 중대한 문제다. 늘어지는 뱃살은 자연과 사회 전체에 죄를 짓는 일이다. 그는 사람들에게 "책임 있게 먹어야 한다."고 힘주어 말한다.

공장식 농장의 비극

웬델 베리는 식탁에 오르는 음식들이 한때는 살아 있는 생명이었음을 기억하라고 충고한다. 예전과 견주면 고기값은 아주 싸졌다. 이제는 가난한 이들도 고기반찬을 먹는 일이 특별하지 않다. 그러나 어떻게 해서 고기값이 누구나 먹을 수 있을 만큼 싸졌는지 생각해본 적이 있는가?

요새 닭, 소, 돼지 등 식용 가축은 공장식 농장(factory farm)에서 '대량생산'된다. 이곳에서는 동물들을 한곳에 모아 가두고 '과학적'으로 관리한다. 그러면서 동물들의 체중을 짧은 시간 안에 집중적으로 늘린다. 이러는 가운데 말 못하는 짐

승들은 어떤 대접을 받을까?

"식품산업 입장에서는……소비자가 자신이 먹는 햄버거가 생의 대부분을 제 배설물이 질펀한 사육장에 갇혀 있던 비육우(肥肉牛)에서 비롯된 것임을 알아서 좋을 리 없다. 접시에 담긴 송아지 고기 커틀릿이 몸을 돌릴 공간이 없는 사육 칸에서만 살던 송아지의 살이라는 사실을 알아서 좋을 게 없다."1

자연 속에서 자유롭게 노닐며 자란 가축의 고기는 값이 쌀리 없다. 대량생산이 어려운 탓이다. 내 앞에 놓인 음식들이 한때는 살아 숨 쉬는 생명이었다는 사실을 떠올려보라. 가격을 따지기에 앞서, '얼마나 행복한 환경에서 자란 동물의 고기일까?'를 고민해봐야 한다. 경제적인 잣대로만 모든 것을 가늠하는 순간, 다른 생명들의 고통을 무시하기 쉽다. 웬델 베리는 '사소한 일을 제때 실천하는 일의 중요함'을 여러 번 강조한다. 우리가 마트에서 '싼 것, 보다 양 많은 것'을 카트에 더 많이 담을수록 동물들의 고통도 커진다.

먹거리의 건강이
나의 건강을 좌우한다

어떤 이들은 웬델 베리의 충고를 가볍게 무시할지 모르겠다. 나 살기도 힘든데 왜 동물의 건강 따위까지 신경 써야 한단 말인가 하며 말이다. 그러나 먹거리가 된 생명과 나 사이의 관계를 소홀히 할 때 내 몸의 건강도 무너진다.

싸고 기름진 음식은 내 허리에 지방을 그득하게 쌓아놓을 테다. 늘어나는 뱃살은 다이어트와 운동 등에 더 많은 돈과 시간을 투자하게 만든다. 이렇듯 자연과 생명을 배려하지 않는 식습관은 내 삶의 질을 확실하게 떨어뜨린다.

채소와 과일의 경우도 다르지 않다. 자연에서는 너른 땅에 한 식물만 자라는 경우가 없다. 오렌지나 양배추 밭이 가도 가도 끝없이 이어진다고 상상해보라. 수입되는 농산물은 이렇게 길러진 것들이 많다. 이런 상태에서 작물을 과연 '자연적으로' 기를 수 있을까?

똑같은 식물만 모여 있을 때는 질병이나 해충이 퍼지기도 쉽다. 그래서 엄청난 농약을 뿌려야 한다. 또한, 이렇게 엄청나게 생산된 작물은 농장 인근에서만 소비되지 않는다. 대도시까지 옮기고 운반하는 데도 적잖은 화학적인 처리가 필요할 테다. 이렇게 해서 식탁에 오른 채소와 과일을 먹는 사람이 건강하다 말할 수 있을까?

식탁에 오를 생명들을 대접하라

웬델 베리는 "몸 가진 생명체 사이의 인과관계"를 깨인 눈으로 바라보라고 호소한다. 이제는 농업도 '산업'이 되었다. 공장에서 물건을 찍어내듯 농기계를 사용해서 농축산품을 쏟아내는 시대다. 농사를 짓는 사람은 열에 하나도 안 된다. 대부분의 사람은 매대에 포장되어 쌓여 있는 음식만을 보곤 한다. 때문에 식재료들이 한때는 생명이었다는 사실을 떠올리기 쉽지 않다.

망가진 내 몸매만큼 땅 또한 농약과 화학비료로 황량해지고 있다. 숱한 가축들 또한 '집단강제수용소를 닮은 지옥'인 공장식 농장에서 고통받는다. 이 모두는 "내가 소비자로서 선택한 일 때문에 벌어지고 있다." 그렇다면 우리는 어떤 기준으로 음식을 고르고 먹어야 할까? 불어나는 체중이 걱정이라면 식탁에 오를 '생명'들을 제대로 대접할 일이다.

1 웬델 베리 지음, 이한중 옮김, 「온 삶을 먹다」, 낮은산, 2011, 302쪽.

나이 먹기가
두렵지 않으려면 『행복할 권리』

고독과 정적, 침묵 속에서 틈틈이 세상과 거리를 두며
'나이 듦'을 연습한 사람들은 다르다. 무엇이 자신다운 모습인지,
어떤 일을 할 때 가장 자신다운지를 끊임없이 되물으며 찾았기 때문이다.

나이 든다는 건,
투명인간이 되는 느낌

늘어나는 나이가 무서워질 때가 있다. 일자리를 구할 때,
'OO년 이후 출생자'라는 문구가 신경 쓰이는 경우가 그렇
다. 육체적인 매력도 예전 같지 않은 듯싶다. 버스나 지하철
을 타면 마치 투명인간이 된 느낌이다. 아무도 내게 눈길을
주지 않는다. 이대로 평범한 아저씨, 아줌마로 주저앉을지
모른다는 위기감(?)이 몰려든다.

'중년의 위기'가 남의 말 같지 않아 서럽기까지 하다. 이 나이가 되도록 별로 이룬 것도 없고 변변한 사랑 한번 제대로 못해본 것 같아서다. 마음은 아직 청춘인데 더 이상 나에게는 미래가 보이지 않는다. 내 인생은 이대로 주저앉고 마는 것일까?

'해야 한다 삼총사'와 이스털린 역설

그러나 에세이스트 마이클 폴리(Michael Foley)에 따르면, 나이 먹는다 해서 우리 삶이 초라해지지는 않는다. 오히려 늘어나는 나이는 인생에 주어지는 축복이다.

세상살이가 힘겹게 느껴지는 까닭은 세 가지 믿음 탓이다. "난 성공해야 하고", "누구나 내게 잘 대해주어야 하며", "세상은 반드시 살기 쉬워야 한다."는 기대 말이다. 이를 심리학자 앨버트 엘리스(Albert Ellis)는 '해야 한다 삼총사'라고 부른다.

하지만 인생이 어디 마음대로 흘러가던가. 세월은 우리에게 '성공보다 실패하는 일이 더 많음'을, '내가 어떻게 하든 상관없이 나를 싫어하는 사람들도 있음'을, '세상살이는 그리

만만하지 않음'을 우리에게 일깨워주곤 한다. 공자가 괜히 쉰 살을 '하늘의 뜻을 아는 나이〔知天命〕'라고 했겠는가. 나이 듦은 내 삶을 힘들게 했던 '해야 한다 삼총사'를 내려놓는 과정이다.

무언가를 거창하게 이루고 주변의 부러움을 한 몸에 받는 삶은 행복할까? 폴리는 단호하게 고개를 가로젓는다. 미국 경제학자 리처드 이스털린(Richard Easterlin)이 젊은이들에게 물었단다. 그대들 삶에 무엇이 있으면 행복하겠느냐고. 16년 뒤, 어느 정도 성공을 거머쥔 그들에게 다시 물음을 던졌다. 이제 무엇이 있으면 그대들이 행복할 수 있겠느냐고.

결론은 허탈하다. 그들은 많은 것을 이루었지만 여전히 조바심을 내었다. 욕구 수준만 TV, 자동차에서 해외여행, 수영장 딸린 집, 별장 등으로 높아져 있을 뿐이었다. 성취와 성공은 삶에 만족을 가져다주지 않았다. 더 많은 욕구만 틔워 놓았을 뿐이다. 이스털린 역설(Easterlin's paradox)이란 성공을 이루고 소득이 더 늘어도 행복감이 늘지 않는 모습을 일컫는 말이다. 이룬 게 없어도 주눅 들 필요가 없는 까닭은 여기에 있다.

중년의 위기가 축복으로 바뀐다면

'중년의 위기'와 '50대의 갱년기'는 사춘기와 다르지 않다. 아이들은 사춘기를 겪으면 몸과 정신이 한층 성장한다. 마찬가지로 성인들도 '중년의 위기'와 '갱년기'를 겪으며 노년의 성숙함으로 한껏 다가간다.

중년을 우중충하게 여기는 사람들이 많다. 왜 그럴까? 폴리는 그 까닭을 '가능성의 소멸'에서 찾는다. 사람들은 오늘보다 나은 내일을, 더 발전하고 형편이 나아진 미래의 나를 그리며 희망을 품는다.

반면, 나이 먹을수록 미래는 희망보다 걱정으로 다가올 테다. 머리도 체력도 예전 같지 않다. 그럼에도 세상은 정신없이 달려가고 있고 나보다 뛰어난 경쟁자들이 여기저기서 튀어나온다. 나에겐 이제 버티고 견디다가 세상에서 밀려나는 일만 남은 것 같다.

하지만 폴리에 따르면, 이렇기 때문에 나이 듦은 되레 축복이 된다. 경쟁에서 뒤처지는 젊은이를 보면서 세상은 혀를 찬다. 안타까운 마음에 더 열심히 해보라고 다그치기도 한다. 기대를 한 몸에 받는 젊은이들로서는 더 미칠 노릇이겠다. 해도 뜻대로 안 되는 걸 대체 어쩌란 말인가!

나이 든 이들에게는 어떤가? 주변에서 쏟아지던 기대는 어느덧 사그라져 있다. 그럴수록 세상에 뒤처지지 말아야 한다는 강박감도 줄어간다. 어떻게든 세상과 어울려야 한다는 의무감도 사라진다.

나이 먹고 세상에서 밀려날수록, 세상이 원하던 삶 대신 자신이 원하는 인생을 찾아갈 가능성은 높아져만 간다. 젊었을 때는 '무엇을 위해서' 노력해야 했지만, 나이 들수록 일을 그 자체로 즐겨서 하게 되는 경우가 늘어나는 까닭이다. 폴리의 말을 들어보자.

"가장 좋은 것은 흔히 그토록 재앙처럼 느껴지던 절박함의 소멸인데, 이는 축복일지도 모른다.……여정이 목적지보다 더 중요하며, 활동이 성과보다 더 중요해진다.……나이가 들어가는 커플은 다시 연인 사이가 될 수 있지만 젊은 시절처럼 기력을 소진시키는 전투와 자녀 양육이라는 힘든 부담은 지지 않아도 된다. 또다시 학생이 될 수 있지만 경력과 커리큘럼이나 시험의 도제에 휘둘리지 않아도 되며, 공부할 교재를 선택하고 실제로 즐길 능력도 있는 그런 학생이다."[1]

매 순간이 마지막이라면 최초만큼 아름다울 것

나아가, 폴리는 살아갈 날이 얼마 남지 않았다는 사실이 인생을 더 아름답게 만들어준다고 말한다. "매 시간이 마지막 시간일 수 있다면 그것은 최초의 시간만큼 아름다울 것이다."[2]

앞으로 많고 많은 나날이 남아 있다고 여길 때는 하루하루의 소중함을 모른다. 새털같이 많은 날들, 하루를 대충 보낸다 해서 뭐 그리 큰 문제가 있겠는가. 하지만 죽음이 멀지 않다고 느낄 때는 사정이 전혀 다르다. 나이 먹을수록 건강한 몸과 정신은 더더욱 소중하게 다가온다. 내게 남은 시간이 많지 않다고 느낄 때, 주어진 순간은 훨씬 강렬하고 의미 깊게 다가오는 법이다.

그리스 아토스 산의 수도사들은 검은색 사제복을 입고 산다. 늘 죽음을 기억하기 위해서다. 그럼에도 그들은 대부분 오래 산다. 치매에 걸리는 경우도 거의 없다고 한다. 인생의 짧음을 늘 의식할 때, 삶은 되레 튼실하고 옹골차진다. 폴리가 나이 들수록 죽음을 더더욱 자주 떠올리며 숙고하라고 하는 이유다.

고독과 정적, 침묵이 만드는 나이 듦의 지혜

물론, 폴리가 말하는 나이 듦의 지혜는 저절로 길러지지 않는다. 우리 주변에는 나이를 허투루 먹는 사람들이 훨씬 많다. 이들은 젊은이들보다 더 탐욕스럽고 세상의 사랑과 관심을 끝없이 갈망한다. 영원히 죽지 않으려는 듯 나이 드는 자신의 모습을 애써 감추고 외면한다. 이런 사람들이 과연 쌓이는 세월을 행복하게 받아들일 수 있을까?

폴리는 우리에게 '3S'에 친숙해지라고 권한다. 3S란 고독(Solitude)과 정적(Stillness), 그리고 침묵(Silence)이다. 젊은이들은 현재에 살기 어렵다. 미래를 위해서 현재를 '희생'해야 하는 것으로 여기는 탓이다. 반면, 나이 든 이들은 과거를 곱씹으며 현재를 날려버리곤 한다. 현명하게 나이 든 사람만 오롯이 '현재'를 누린다.

삶은 사람들과 끊임없이 어울리며 시끄러운 가운데만 있지 않다. 현명하게 나이 든 사람은 세상의 무관심과 고독을 도리어 '자기만의 시간'으로 만들어버린다. 이런 능력은 하루아침에 길러지지 않는다. "애쓰지 않고도 좋은 기분이 될 수 있다면 그것을 더 이상 좋은 기분이라고 할 수는 없다."3

사람들이 부러워하는 모습대로만 살려 했던 이들은 자기만의 욕구를 기르기 어렵다. 이런 자들은 홀로 남겨지는 것을 두려워한다. 무엇을 하고 싶은지를 스스로도 모르는 탓이다. 그래서 자신을 내치려는 사회를 끝없이 원망한다.

하지만 고독과 정적, 침묵 속에서 틈틈이 세상과 거리를 두며 '나이 듦'을 연습한 사람들은 다르다. 무엇이 자신다운 모습인지, 어떤 일을 할 때 가장 자신다운지를 끊임없이 되물으며 찾았기 때문이다.

소크라테스는 "반성하지 않는 삶은 살 가치가 없다."라고 했다. '철학은 죽음을 향한 연습'이라는 말도 했다. 이 말은 인생의 영원한 진리다. 준비되지 않은 노년과 죽음은 두렵고 벅차다. 반면, 충분히 대비된 노후는 기대를 안긴다. 나이 듦은 영혼의 훈련을 필요로 한다. 나의 영혼은 과연 나이 들수록 성숙해지고 있는지 되물어볼 일이다.

---

1 마이클 폴리 지음, 김병화 옮김, 『행복할 권리』, 어크로스, 2011, 316~317쪽.
2 같은 책, 320쪽.
3 같은 책, 95쪽.

종교는 진정 나를
구원해줄 수 있을까 『한국 사회와 그 적들』

'종교성'이란 개인의 삶을 넘어,
보다 크고 너른 눈으로 인생을 바라보는 태도를 말한다.
소중하고 가치 있는 것들이 나의 죽음 이후에도 계속된다고 믿을 때,
내 것만을 챙기려는 욕심은 사라진다.

왜 신은 나의 바람을
들어주지 않을까?

종교에 끌리는 때는 편안하고 행복한 시기가 아니다. 인생이 왜 이리 꼬였나 싶어 한숨이 나올 때, 아무에게라도 절절하게 매달리고 싶을 때 종교는 내게 깊이 다가온다.

신산스러운 상황, 나는 신에게 기도하고 바라고 애원하며 매달린다. 지금의 모든 괴로움과 걱정, 근심에서 벗어나게 해달라고 말이다. 하지만 신은 좀처럼 나의 말을 들어주지

않는다. 왜 신은 나의 바람을 들어주지 않으실까? '정성'이 부족해서일까?

사이비 종교들은 이런 불안한 마음을 쥐고 흔든다. '은혜'를 얻으려면 돈과 노동, 아니 그 이상을 바쳐야 한단다. 가뜩이나 힘든 상황, 귀는 한껏 얇아진다. 그래서 이런 충고(?)를 뿌리치지 못한다. 종교의 탈을 쓴 사기극이 사라지지 않는 이유다.

세상에 종교 문제로 벌어지는 갈등은 하나둘이 아니다. 나에게 절절한 신앙이 남들에게는 혀를 찰 만한 광신(狂信)으로 비치기도 한다. 서로 다른 종교를 믿어 다툼이 끊이지 않는 가정도 적지 않다. 이런 처지에 있을수록 주변 상황도 편안하지 않다. 생활이 힘들수록 절대자에게 기대고픈 마음도 절실하기 때문이다. 종교를 둘러싼 싸움이 곧잘 치열해지는 이유다.

신앙을 둘러싼 다툼에서 벗어나려면 어찌 해야 할까? 나아가 내가 믿는 종교가 건강한지는 어떻게 알 수 있을까? 이 물음에 머리가 어지럽다면 융(Carl Gustav Jung) 전문가인 이나미의 충고를 들어볼 일이다.

불안한 미래에 맞서는 힘

이나미는 "종교성(religiosity)이란 불안한 미래에 맞서는 힘"이라 말한다. 동물은 '지금 이 순간'을 살고 있을 뿐이다. 그래서 닥친 고통에 어쩔 줄 몰라 한다. 하지만 인간은 다르다. 미래를 생각할 수 있기에 현재의 아픔이 영원하지 않음도 안다.

인간은 고통에서 '의미'를 찾는다. 인생에는 즐거움보다 괴로움이 더 많은 법이다. 지금이 힘들고 버거운가? 괴로움의 시간이 길수록 언젠가 누릴 성취와 보람은 더 감미로울 테다. 이렇게 생각하면 모든 고통은 나를 성숙하게 만드는 성장통으로 다가온다. 인간이 아픔 가운데서도 의연할 수 있는 이유다.

종교는 죽음마저 넘어서게 만든다. 숨이 멎는 순간 모든 것이 끝난다고 여기는 사람과 영원의 관점에서 삶의 의미를 돌아보는 사람을 견주어보라. 누가 더 고귀하고 가치 있는 삶을 살까?

이나미가 말하는 '종교성'이란 개인의 삶을 넘어, 보다 크고 너른 눈으로 인생을 바라보는 태도를 말한다. 소중하고 가치 있는 것들이 나의 죽음 이후에도 계속된다고 믿을 때, 내 것만을 챙기려는 욕심은 사라진다. 생각은 이제 인류와 세상을 위해 자신이 무엇을 해야 하는가 하는 데까지 나아간다. 참된 종교인들이 하나같이 정의롭고 자비심 깊은 이유다.

> "종교적 태도는 세속에서 느끼는 자신의 한계를 극복하는 피안의 영역을 지향하는 마음을 말한다.……마음을 열면 성경에서 불경이, 불경에서 성경이 읽히고, 절에 가건 교회에 가건 탐욕과 비루함이 가득한 인류를 사랑하시던 부처님과 예수님의 고결한 가르침에 저절로 고개가 숙여질 것이다."[1]

종교의 가르침을 제대로 꿰뚫었다면 신앙을 둘러싼 갈등이 생길 리 없다. 시기와 질투, 증오와 다툼을 앞세우는 종교는 없다. 종교 때문에 마음이 힘들다면 그 이유는 다른 데 있다.

나는 더 크고 아름다운 사람이 되어가는가

참된 종교인들은 겸손하기까지 하다. 짜릿한 성공의 순간에도 그들은 오히려 담담하다. 인생에는 오르막이 있으면 내리막도 있다. 우주 또한 그렇다. 신의 뜻, '운명'이란 큰 틀에서 보면 성공과 실패는 지나가는 과정일 뿐이다. 그 모두를 겪으며 무엇을 느끼고 깨닫고 성장하는지가 중요하다. 그러니 자만할 까닭도 없고 운이 없다며 스스로 포기할 일도 아니다.

하지만 신앙을 가진 이들이 모두 참된 종교인은 아니다. 많은 사람들은 어린아이가 떼쓰듯 신에게 매달린다.

"기독교나 불교, 유교도 샤머니즘적 방식으로 믿는 사람들이 많다. 하느님이나 부처님을 믿고 섬기면 즉시 복을 받아 부자가 된다는 기복 신앙이나 죽은 다음에 초상을 잘 치르고 좋은 땅에 묻으면 자손 대대로 부귀영화를 누린다는 식으로 유교를 믿는 것이다. 고통을 참고 참 자기를 깨달아 절대자의 존재와 좀 더 닮아가라는 본래 고등 종교의 정신과는 많이 다르다."[2]

이런 사람들은 '마마보이'와 얼마나 다를까? 나이 먹고도 부모에게 막무가내로 앙탈부리는 사람은 추하다. 그렇다면 이제 자신의 기도를 떠올려보라. 나는 신에게 무엇을 빌고 있는가? 혹시 신에게 자신이 원하는 것을 무조건 들어달라고

'떼'를 쓰고 있지 않은가?

참된 종교인은 자신이 믿는 절대자를 닮아가려고 애쓸 뿐이다. 순간순간 욕망에 휘둘리지 않고 영원의 눈으로 '지금이 순간'을 바라보며 영혼을 다잡으려 노력한다. 존경하는 어른의 모습을 좇으며 자신을 멋진 인간으로 다듬는 모범생의 태도다. 신심(信心)을 쌓는다는 것은 더 크고 아름다운 사람이 되는 과정이기도 하다. 그렇다면 스스로에게 되물어보자.

"나는 종교를 따를수록 더 크고 아름다운 사람이 되어가고 있는가?"

내가 따르는 종교가 제대로 된 것이라면 이 물음에 마음 불편할 리 없다. 이 물음에 "그렇다."라고 고개를 끄덕일 수 있다면 괴로울 리도 없다. 그런데도 종교가 내 삶에 분란을 일으키는 이유는 무엇일까? 크고 너른 종교의 가르침을 곱씹고 또 곱씹어볼 일이다.

---

1 이나미 지음, 『한국 사회와 그 적들』, 추수밭, 2013, 231~232쪽.
2 같은 책, 237쪽.

사랑이 영원할 수 있을까 『감정을 읽는 시간』

쾌감을 주는 관계가 곧 사랑은 아니다.
사랑이 견실하려면 뜨거운 감정 말고 다른 것이 필요하다.

왜 내 사랑은
뿌리내리지 못할까?

"이별의 맛은 살아서 맞이한 죽음의 맛이다."

오스트리아 심리학자 이고르 A. 카루소(Igor A. Caruso)의
말이다. 헤어짐의 고통은 절절하다. 먹지도 자지도 못할 만
큼 힘들고 괴롭다. 어떻게 살아갈지조차 막막한 상황, 두 번
다시 사랑하지 못할 듯한 심정이다.

하지만 시간은 모든 것을 잊게 만든다. 외로움은 내 마음을 부추겨 또 다른 사랑을 찾아 나서게 할 테다. 사랑만큼 감미로운 게 또 있던가. 그러나 달콤한 순간은 오래가지 못한다. 사랑이 뜨거울수록 서운함과 오해, 질투와 다툼도 쉴 새 없이 피어나는 탓이다. 관계가 꼬여갈수록 대화도 겉돌기 시작한다. 감정의 골이 깊어가며 영원할 것 같던 사랑도 어느덧 파열음을 내며 주저앉고 만다.

벌써 몇 번째인가. 실패를 곱씹어볼수록 헛헛함이 밀려든다. 이제는 누군가에게 애틋한 감정을 느끼면 걱정부터 앞선다. 또다시 찾아올 상처가 두려워서다. 왜 나는 사랑을 뿌리 깊게 가꾸지 못할까? 나는 과연 진정한 사랑에 이를 수 있을까? 자신이 없다. 그럼에도 자꾸만 사랑에 끌리는 내 마음이 원망스럽다.

짧은 사랑은 나의 문제가 아니다

하지만 사랑이 짧고 아쉽게 끝나는 이유가 나 때문만은 아니다. 진화심리학을 연구한 저널리스트 클라우스 페터 지몬 (Claus Peter Simon)은 이렇게 되묻는다.

"복권에 당첨되어 평생 행복을 느꼈다는 사람을 본 적이 있는가?"

행복은 향기처럼 금방 사라진다. 맛있는 음식을 먹어도, 시험에서 만점을 받아도, 새 차를 사도, 멋진 집에 이사를 해도 즐거움은 영원히 이어지지 않는다. 짜릿한 순간이 지나면 이내 다시 무덤덤해질 테다. 왜 그럴까? 지몬의 말을 직접 들어보자.

"행복은 반복을 요구한다. 가장 눈에 띄는 것이 섹스다. 그러니까 섹스는 충동이자 동시에 보상이다. 인간이 항상 행복할 수 있도록 자연이 그 어떤 조치를 취하지 않은 이유도 바로 이 섹스를 통해 알 수 있다. 사랑의 행위를 할 때나 하고 난 후 행복의 반복을 원치 않는다면 유전자를 물려줄 기회가 너무 줄어들 테니 말이다. 이 지구는 사람이 없는 텅 빈 공간이 되고 말 것이다."[1]

짧은 사랑은 '비정상'이 아니다. 자연 상태에서는 굵고 짧은 사랑이 되레 자연스럽다. 그래야 더 열심히 짝짓기를 하고 후손도 더 많이 만들지 않겠는가.

뜨거움 말고 다른 것이 필요하다

사랑의 감정을 낳는 호르몬은 스트레스 물질이기도 하다. 누군가를 뜨겁게 좋아한다면 가슴이 미칠 듯이 뛰거나 금방이라도 멈출 듯 죄어오곤 한다. 왜 그럴까? 지문은 과학적인 설명을 들려준다.

상사병을 앓는 사람은 '금단 증상을 겪는 마약 중독자'와도 같다. 도파민은 강렬한 쾌감을 주는 화학물질이다. 사랑은 우리 두뇌에 도파민을 가득 안긴다. 하지만 관계가 뜻대로 풀리지 않을 때는 스트레스 호르몬인 코르티솔과 아드레날린이 혈관을 가득 채우게 된다. 원하는 것을 얻기 위해 몸을 긴장시켜야 하기 때문이다. 그러나 아드레날린이 너무 많이 분비되면 심장이 쇼크로 멈출 수도 있단다. 사랑이 꼬여 갈수록 호흡이 가빠지고 가슴이 아파오는 데는 이런 과학적인 이유가 있다.

마침내 사랑을 거머쥘 때 우리의 뇌는 도파민으로 가득하다. 마약 중독자가 약물을 맞았을 때와 똑같은 상태가 된다는 뜻이다. 그토록 바라던 도파민을 얻지 못한다면? "격렬한 욕망, 절망감, 슬픔, 탈진"이 마음을 사로잡는다. 마약을 얻지 못한 중독자처럼 말이다.

불같은 사랑에 빠진 이들은 천당과 지옥을 오간다. 연인의 따뜻한 말 한마디에 온 세상을 얻은 듯 날뛰다가, 상대의 시무룩한 표정 하나에 전전긍긍한다. 이런 상태를 과연 '행복'이라 할 수 있을까? 이런 상황을 오래 버틸 수나 있을까? 쾌감을 주는 관계가 곧 사랑은 아니다. 사랑이 견실하려면 뜨거운 감정 말고 다른 것이 필요하다.

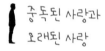

중독된 사랑과 오래된 사랑

학자들에 따르면, 사랑을 느끼게 하는 호르몬은 기껏해야 1년 6개월 정도 이어진다고 한다. 오래된 연인들의 표정이 덤덤해지는 까닭은 여기에 있다. 그러나 모든 사람이 이렇지는 않다. 황혼에 이르러서도 설레는 사랑을 이어가는 '연인 같은 부부'들도 얼마든지 있다. 이들은 호르몬의 마법을 이겨낸 '돌연변이'들인가? 물론 그렇지 않다. 지몬의 과학적인 설명을 계속 들어보자.

아드레날린과 도파민이 지배하는 사랑은 오래가지 못한다. 강렬한 자극에 익숙해진 뇌는 새롭고 더 강렬한 자극을 바라기 마련이다. 강렬한 사랑에 '중독'된 사람이 관계를 오래 끌고 가지 못하는 이유다.

오래된 사랑은 '중독된 사랑'과 어떤 점에서 다를까? 지금은 안정된 사랑은 옥시토신이 이끈다고 한다. 옥시토신은 엄마와 아기 사이에 흐르는 호르몬이다. 엄마는 아기를 무조건 사랑하고 아기는 엄마에게 한없이 기댄다. 둘 사이에는 의심이 없다.

진화는 사랑하는 사람들 사이에서도 옥시토신이 분비되도록 이끌었다. 여성 혼자 아이를 볼 때보다 남녀가 함께 아기를 키우는 쪽이 더 생존 확률이 높기 때문이다. 이런 진화의 흔적은 우리의 언어 습관에도 남아 있다. 연인들끼리 상대를 '아기(baby)'라고 부르는 모습이 그렇다.

옥시토신은 강렬하지 않다. 그러나 따뜻하고 안정적이다. 쾌감은 짜릿할수록 빨리 질려버린다. 불꽃같은 사랑이 영원히 이어지기는 어렵다. 몇 달이고 몇 해고 계속 흥분한 채 지낼 수는 없지 않겠는가. 반면, 은은하고 따뜻한 감정은 오래 간다. 도파민, 옥시토신 같은 과학적 설명을 굳이 끌어들이지 않아도, '오래가는 사랑'의 비결을 이해하기는 어렵지 않다.

관계 묵시록을 넘어

내 사랑을 뿌리 깊게 만들려면 어떻게 해야 할까? 지몬의 말대로 하자면, '옥시토신적인 사랑'을 꾸려야 할 듯싶다. 부모와 자식 사이같이 믿음 가득한 관계를 가꾸라는 뜻이다.

그러나 세상에는 재앙 같은 부자지간, 모녀지간도 적지 않다. 지몬은 사람 사이를 지옥으로 이끄는 '관계의 묵시록 5단계'를 일러준다. 이 다섯은 '비난', '경멸', '자기방어', '회피', '권력의 자기과시'다.

이 다섯 가지로 우리의 사랑을 점검해보라. 우리 사이에는 이 가운데 몇 개가 자리 잡고 있는가? 혹시 상대에게 비난의 말을 쏟아붓고 있지 않은가? 경멸 섞인 빈정거림을 쉴 새 없이 내뱉고 있다면, 대화가 말다툼으로 여겨져 자꾸만 나를 정당화하고 있다면, 그리고 내가 얼마나 노력하고 있는지를 끊임없이 내보이려 하고 있다면 관계는 이미 이별을 향해 가는 중이다.

오래가는 관계는 어떨까? 지몬은 "존중받는다는 것은 엄청나게 강력한 최음제"라고 잘라 말한다. 우리는 나의 가치를 알아주고 따뜻하게 맞아주는 사람에게 마음이 끌리곤 한다. 훌륭한 부모들도 그렇다. 그들은 언제나 자녀를 푸근하고 배려 가득한 눈으로 대한다.

연인 사이도 이래야 하지 않을까? 불같은 사랑이 '이벤트'일 수는 있다. 그러나 영원하긴 어렵다. 성숙한 인격으로 아이를 대하듯 상대를 보듬고 배려하려는 노력은 내 영혼에 이해와 인내의 힘을 키운다. 뿌리 깊은 사랑을 가꾸고 싶다면, 자녀를 사랑하듯 서로에 대해 애정을 키워가는 오래된 부부들의 지혜를 배울 일이다.

1 클라우스 페터 지몬 지음, 장혜경 옮김, 『감정을 읽는 시간』, 어크로스, 2014, 132쪽.

집착이 된 사랑을
내려놓고 싶다면 「포기하는 용기」

"어떻게 해야 사랑과 관심을 받을까?"
이 물음에 매달리는 한 내 마음은 상대에게 휘둘릴 수밖에 없다.
"나는 내 마음에 들만큼 훌륭한 인간인가?"에 신경 쓸 때 나의 영혼은 강하고 담대해진다.

나도 이러는
내가 싫다

내 머릿속은 항상 그대 생각뿐이다. 하지만 상대방은 그렇지 않다. 나는 상대에게 헌신적이다. 나는 기념일에서 자잘한 일상까지 좋아하는 이를 꼼꼼히 챙긴다. 그래서 늘 사랑하는 이의 표정에 민감하다. 그이가 웃으면 세상을 다 얻은 듯싶고, 찡그리고 화를 내면 심정은 지옥으로 떨어진다.

상대방은 어떨까? 안타깝게도 그 사람은 나와 같지 않다.

그이는 좀처럼 나에게 먼저 연락하지 않는다. 무엇을 해주어도 심드렁할 뿐이다. 이럴수록 나는 비참하고 외롭다. 나에게는 저이가 모든 것인데, 상대에게 나는 대수롭지 않은 존재인 듯해서다.

하루 종일 상대의 말 한마디, 표정 하나에 전전긍긍하는 내 모습이 초라하다. 이런 상황이 반복되다 보면 굴욕감마저 든다. 보답받지 못할 애정을 쏟아붓는 나 스스로에게 화가 난다. 내 사랑은 도대체 무엇이란 말인가? 나도 이러는 내가 싫다.

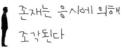

존재는 응시에 의해 조각된다

이런 고민에 가슴 태우는 사람이라면 실존적 정신분석학자 이승욱의 충고를 들어볼 일이다. 그에 따르면 "사람은 태어날 때부터 인정에 목숨 거는 존재"다. 갓난아이가 말을 배우는 모습을 보라. 처음부터 "내가", "나는" 하고 말하는 아이는 없다. "엄마", "할미" 같은 말부터 먼저 한다. 왜 그럴까? 인간은 자신을 직접 바라보지 못한다. 나를 보는 다른 사람의 표정에 비추어 자신이 어떤 존재인지를 안다.

예를 들어보자. 엄마가 아이를 따뜻하고 푸근한 눈으로 바라볼 때, 아이는 자신을 사랑받는 소중한 존재로 여긴다. 엄마가 화나고 차가운 눈초리로 자신을 대한다면? 아이는 금세 주눅 들고 불안해한다. 자신이 환영받지 못하는, 주변을 불편하게 하는 존재가 되어버린 듯해서다.

타인의 평가에 목을 매는 모습은 어른이 되어도 바뀌지 않는다. 내가 어떤 사람인지는 나 스스로 알 수 없다. 주변의 평가와 대접은 내가 얼마나 가치 있는지를 가늠케 하는 잣대다.

이승욱은 "존재는 응시에 의해 조각된다."고 말한다. 어린아이에게는 엄마가 가장 소중하다. 엄마의 칭찬과 비난에 따라 자기 자신에 대한 평가는 하늘과 땅을 오간다. 물론, 아이는 자랄수록 부모에게서 멀어진다. 훌쩍 자란 이들에게 자신의 가치를 알아줄 사람은 누구일까? 자기가 사랑하는 그 사람 아닐까? 그래서 나는 상대방에게 목을 매게 된다. 엄마의 관심과 인정을 받기 위해 아이들이 애를 쓰듯, 나 또한 사랑하는 이의 마음에 들기 위해 안달한다.

나는 그 사람에게 '치명적인 존재'여야 한다. 꼭 필요한 사람이어야 한다는 뜻이다. 그래야 나의 가치도 올라가고 내 삶에도 의미가 있을 테다. 만약 상대가 나를 대수롭지 않게 여긴다면? 나의 가치는 바닥까지 떨어진다. 나에 대한 사랑하는 이의 표정과 말투 하나하나에 민감해지는 까닭은 여기에 있다.

왜 나를 있는 그대로 보듬어주지 않는가

이승욱은 우리의 사회생활 또한 별다르지 않다고 말한다. 자기 팔보다 긴 숟가락으로 밥을 먹는다고 해보라. 이런 상황에서는 절대 혼자서 밥을 먹지 못한다. 상대방이 긴 숟가락으로 내 입안에 밥을 떠 넣어주어야 한다. 나를 헛헛하게 만드는 인정 욕구를 채우는 방법 또한 그렇다. 나 혼자만 있다면 인정받을 길이 없다. 반드시 다른 사람이 나를 알아주어야 한다.

그래서 우리는 다른 이들에게 좋은 평가를 받기 위해 애를 쓴다. 공부를 잘하고, 높은 지위에 오르고, 돈을 많이 벌고, 친절하고 자상한 사람이라는 인상을 주려고 노력하는 식이다. 하지만 이렇게 해서 훌륭한 평가를 받으면 행복할까? 세상 모든 것을 다 가진 듯 삶에 만족하게 될까?

안타깝지만 그렇지 않다. 노력해도 인정받지 못할 때는 당연히 괴롭다. 반면, 성공과 부러움을 한 몸에 받을 때도 헛헛하고 불안하기는 마찬가지다. 내가 가진 돈과 명예, 아름다운 외모와 높은 지위가 사라질 때 사람들은 사랑을 거두어갈 것 같아서다.

이것들을 영원히 갖고 있다 해도 마음은 여전히 불행하다. 이 모두는 과연 내가 바라던 것인가? 다른 이들이 부러워하고 갖고 싶어하기에 나 또한 원하게 된 것은 아닐까? 내가 지닌 돈, 명예, 멋진 몸과 지위 때문에 내가 사랑받는다면 어떤 생각이 들까? 이 모든 게 없을 때 나 자신은 결코 사랑받지 못할 것이라면?

그래서 사람들은 "나를 나 자체로 보듬어줄 이가 있었으면"이라는 이루지 못할 꿈을 좇는다. 못생겨도, 능력 없어도, 나락으로 추락해도, 미래가 없어도 나를 인정해줄 수 있는 사람. 이런 사람이 있다면 나의 가치는 언제까지나 높게 빛날 것이다.

내가 사랑하는 사람은 나에게 이런 사랑을 주는가? 그럴 리가 없다. 내 마음이 늘 섭섭하고 외롭고 답답한 이유다.

혼자 잘사는 사람이 둘이서도 잘산다

그러나 "나를 있는 그대로 보듬어줄 사람이 있었으면" 하는 바람에는 자기비하와 열등감이 숨어 있음을 놓쳐서는 안 된다. 이승욱의 말을 들어보자.

"우리가 타인을 인정하게 되는 메커니즘을 한번 생각해보지요. 당신은 어떤 사람을 인정하시나요? 남을 배려하고 사려 깊은 사람에게 끌리지 않나요? 지식과 교양을 쌓아 마음의 깊이가 있는 사람을 존경하지 않나요? 사회적으로 성공해 경제적 여유를 누리는 사람을 선망하지 않습니까?

우리는 그런 잣대로 사람들을 평가하고 인정하며, 바로 그 방식과 시선으로 자기 자신도 바라봅니다. 그런데 나는 평가나 선망 또는 무시 같은 잣대로 남들을 보면서, 정작 그들에게는 나를 그런 식으로 바라보지 말아달라고 요구한다면? 이건 정당한가요? 자신은 왜 그런 시선으로 평가받으면 안 되나요? 자신이 없기 때문 아닌가요?"[1]

'나를 있는 그대로 보듬어줄 사람'을 원한다는 사실은 나 스스로에 대한 자신 없음을 드러낼 뿐이다. 그런 상태로 높은 자리에 올라 부와 명예를 누리면 뭐하겠는가. 겉으로는 우러름을 받을지 몰라도, 스스로는 자신이 속 빈 강정임을 너무 잘 안다. 그래서 불안하다.

사랑하는 사람에게 집착하는 까닭은 여기에 있다. 저이만큼은 나의 가치를 진심으로 인정하고 보듬어주었으면 좋겠다. 정말 상대가 나를 사랑한다면, 나도 모르는 나의 진정한 가치를 바라보고 인정해줄 것이다.

이런 바람이 과연 '현실적'일까? 이승욱은 "혼자서도 잘사는 사람이 둘이서도 잘산다."고 말한다. 사랑이 헛헛하지 않으려면 상대의 얼굴만 쳐다보고 있어서는 안 된다. 무엇보다 자신이 자기 스스로를 '인정'할 수 있어야 한다.

나 자신에게 인정받을 길을 찾아라

그렇다면 나는 무엇으로 인정받을 만한가? 꾸준하고 치열한 노력으로 스스로를 가꿔온 사람은 세상의 평가에 흔들리지 않는다. 하루하루 쌓이는 보람, 스스로를 잘 가꾸는 데서 오는 자랑스러움은 상대방에 대한 집착을 줄인다. 상대에게 인정받으려 하지 말고 나 자신에게 인정받을 길을 찾으라는 소리다.

그렇다면 나에게서 자부심을 느낄 부분은 무엇인가? "어떻게 해야 사랑과 관심을 받을까?" 이 물음에 매달리는 한 내 마음은 상대에게 휘둘릴 수밖에 없다. "나는 내 마음에 들 만큼 훌륭한 인간인가?"에 신경 쓸 때 나의 영혼은 강하고 담대해진다. 상대의 사랑에서 의미를 찾는 삶은 불안하다. 상대에게 매달리는 정성을 스스로 인정할 만한 자신을 만드는 노력에 쏟을 일이다.

1 이승욱 지음, 『포기하는 용기』, 쌤앤파커스, 2013, 59쪽.

··· 함께 읽을 책

👤— 1부

몽테뉴 수상록 미셸 드 몽테뉴 지음, 손우성 옮김, 문예출판사, 2009.
신화와 인생 조지프 캠벨 지음, 다이앤 K. 오스본 엮음, 박중서 옮김,
갈라파고스, 2009.
자발적 복종 에티엔느 드 라 보에티 지음, 박설호 옮김, 울력, 2004.
잘라라, 기도하는 그 손을 사사키 아타루 지음, 송태욱 옮김, 자음과모음, 2012.
구별짓기 피에르 부르디외 지음, 최종철 옮김, 새물결, 2005.
도덕 감정론 애덤 스미스 지음, 박세일·민경국 옮김, 비봉출판사, 2009.

👤— 2부

거짓의 사람들 스캇 펙 지음, 윤종석 옮김, 비전과리더십, 2003(개정판 2007).
기브앤테이크 애덤 그랜트 지음, 윤태준 옮김, 생각연구소, 2013.
노년에 관하여 우정에 관하여 마르쿠스 툴리우스 키케로 지음, 천병희 옮김, 숲, 2005.
화에 대하여 루키우스 안나이우스 세네카 지음, 김경숙 옮김, 사이, 2013.
평화는 어떻게 시작되는가 틱낫한 지음, 강주영 옮김, 다산초당, 2011.
우리는 어쩌다 적이 되었을까? 로버트 J. 스턴버그·카린 스턴버그 지음,
김정희 옮김, 21세기북스, 2010.
게으름에 대한 찬양 버트런드 러셀 지음, 송은경 옮김, 사회평론, 2005.

👤— 3부

고통에게 따지다 유호종 지음, 웅진지식하우스, 2006.
삶을 위한 철학수업 이진경 지음, 문학동네, 2013.
놀이와 인간 로제 카이와 지음, 이상률 옮김, 문예출판사, 1994.

철학하는 인간 김광수 지음, 연암서가, 2013.

기업가 정신 피터 드러커 지음, 이재규 옮김, 한국경제신문, 2004.

철학의 위안 알랭 드 보통 지음, 정명진 옮김, 청미래, 2012.

╨ — 4부

고독을 잃어버린 시간 지그문트 바우만 지음, 조은평 · 강지은 옮김, 동녘, 2012.

행복의 역설 질 리포베츠키 지음, 정미애 옮김, 알마, 2009.

역사의 종말 프랜시스 후쿠야마 지음, 이상훈 옮김, 한마음사, 1997.

어떻게 일에서 만족을 얻는가 배리 슈워츠 · 케니스 샤프 지음, 김선영 옮김, 웅진지식하우스, 2012.

왜 사람들은 싸우는가? 버트런드 러셀 지음, 이순희 옮김, 비아북, 2010.

인간적인 길 자크 아탈리 지음, 주세열 옮김, 에디터, 2005.

국화와 칼 루스 베네딕트 지음, 김윤식 · 오인석 옮김, 을유문화사, 2008.

아이아스 딜레마 폴 우드러프 지음, 이은진 옮김, 원더박스, 2013.

╨ — 5부

과거의 거울에 비추어 이반 일리치 지음, 권루시안 옮김, 느린걸음, 2013.

돈의 달인 호모 코뮤니타스 고미숙 지음, 북드라망, 2013.

사물의 언어 데얀 수직 지음, 정지인 옮김, 홍시, 2012.

온 삶을 먹다 웬델 베리 지음, 이한중 옮김, 낮은산, 2011.

행복할 권리 마이클 폴리 지음, 김병화 옮김, 어크로스, 2011.

한국 사회와 그 적들 이나미 지음, 추수밭, 2013.

감정을 읽는 시간 클라우스 페터 지몬 지음, 장혜경 옮김, 어크로스, 2014.

포기하는 용기 이승욱 지음, 쌤앤파커스, 2013.

도서관 옆 철학카페

초판 1쇄 발행 2014년 12월 24일
초판 6쇄 발행 2020년 10월 30일

지은이 | 안광복
발행인 | 김형보
편집 | 최윤경, 박민지, 강태영, 이환희, 최승리, 이경란
마케팅 | 이연실, 김사룡, 이하영
경영지원 | 최윤영

발행처 | 어크로스출판그룹(주)
출판신고 | 2018년 12월 20일 제2018-000339호
주소 | 서울시 마포구 양화로10길 50 마이빌딩 3층
전화 | 070-5080-4038(편집) 070-8724-5877(영업) 팩스 | 02-6085-7676
e-mail | across@acrossbook.com

ⓒ 안광복 2014

ISBN 978-89-97379-57-6 03100

이 도서의 국립중앙도서관 출판시도서목록(CIP)은 e-CIP홈페이지(http://www.nl.go.kr/
ecip)에서 이용하실 수 있습니다. (CIP제어번호 : CIP2014036528)

만든 사람들
편집 | 최윤경
디자인 | 공중정원 박진범
조판 | 성인기획